CURRYS

DIE BESTEN REZEPTE

O2

O3

O1

O4

INHALT

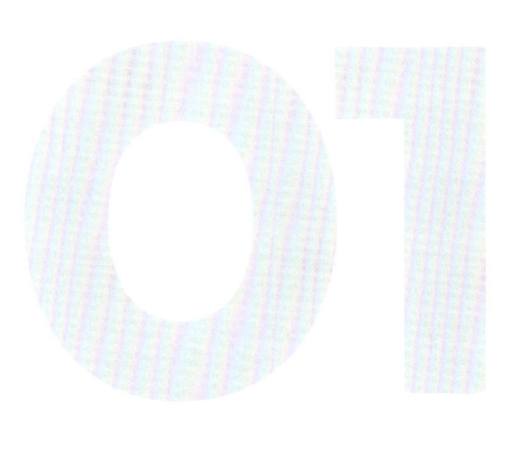

CURRYS MIT GEMÜSE

GEMÜSECURRY
MIT KORIANDER UND CHILI

ZUBEREITUNG

01. Die Zwiebeln und den Knoblauch schälen und in feine Würfel schneiden. Die Paprikaschoten längs halbieren, entkernen und waschen. Die Paprikahälften zuerst längs in breite Spalten schneiden, dann quer halbieren.

02. Die Kichererbsen in einem Sieb kalt abbrausen und abtropfen lassen. Die Zuckerschoten putzen und waschen. Den Kürbis schälen, entkernen und in mundgerechte Stücke schneiden.

03. Das Öl in einem Topf erhitzen, Zwiebeln, Knoblauch und die Gewürze darin anbraten. Die Kürbisstücke zu den Zwiebeln in den Topf geben und kurz andünsten. Die Brühe dazugießen und alles zugedeckt bei starker Hitze aufkochen.

04. Die Paprikastücke, die Kichererbsen und die Zuckerschoten hinzufügen, alles offen 5 Minuten kochen lassen. Die Sahne und das Mehl verrühren, unter das Gemüsecurry rühren und kurz köcheln lassen.

05. Das Curry mit Zitronensaft, Salz und Pfeffer abschmecken. Nach Belieben mit Chapati (siehe Innenklappe hinten) und cremig gerührtem Naturjoghurt servieren.

ZUTATEN
FÜR 4 PERSONEN

+ 100 g Gemüsezwiebeln
+ 1 Knoblauchzehe
+ 2 rote Paprikaschoten
+ 240 g Kichererbsen (aus der Dose)
+ 200 g Zuckerschoten
+ 600 g Kürbis
+ 2 EL Öl
+ 1 TL gemahlene Kurkuma
+ 1 TL gemahlener Kreuzkümmel
+ ½ TL Chilipulver
+ ½ TL gemahlener Koriander
+ ½ l Gemüsebrühe
+ 5 EL Sahne
+ 1 EL Mehl
+ ca. 4 EL Zitronensaft
+ Salz • Pfeffer aus der Mühle

TIPP — *Wenn man Kichererbsen aus der Dose verwendet, spart man sich das Einweichen. Frische Kichererbsen haben eine Einweichzeit von etwa 12 Stunden und müssen dann noch 1 Stunde gegart werden.*

KARTOFFELCURRY
MIT ROTEN LINSEN

ZUBEREITUNG

01. Die Linsen in einem Sieb unter fließendem kaltem Wasser waschen und in einem Topf mit 1 l Wasser aufkochen. Salz, Kurkuma und 1 Msp. Cayennepfeffer hinzufügen und die Linsen zugedeckt bei schwacher Hitze etwa 20 Minuten bissfest gar ziehen lassen. Die Linsen in ein Sieb abgießen und abtropfen lassen.

02. Die Kartoffeln schälen und in kleine Würfel schneiden. Die Tomaten kreuzweise einritzen, überbrühen, häuten, halbieren, entkernen und in grobe Würfel schneiden. Die Zwiebeln schälen und in feine Würfel schneiden. Den Knoblauch schälen und fein hacken, den Ingwer schälen und fein reiben.

03. Das Ghee oder Butterschmalz in einem Topf zerlassen, Zwiebeln, Knoblauch und Ingwer darin anbraten. Den Koriander, den Kreuzkümmel und den restlichen Cayennepfeffer dazugeben und die Currypaste unterrühren. Die Kartoffeln und die Tomaten hinzufügen, ¼ l Wasser dazugießen und aufkochen. Das Gemüse zugedeckt bei schwacher Hitze etwa 15 Minuten garen. Die Linsen dazugeben und das Curry 5 Minuten fertig garen, eventuell noch etwas Wasser hinzufügen. Das Curry mit Salz und Cayennepfeffer abschmecken.

04. Den Koriander waschen und trocken schütteln, die Blätter von den Stielen zupfen, grob hacken und unter das Kartoffelcurry mischen. Nach Belieben mit Pappadam servieren.

ZUTATEN
FÜR 4 PERSONEN

+ **200 g rote Linsen**
+ **Salz**
+ **1 TL gemahlene Kurkuma**
+ **2 Msp. Cayennepfeffer**
+ **500 g festkochende Kartoffeln**
+ **2 Tomaten**
+ **2 Zwiebeln**
+ **3 Knoblauchzehen**
+ **20 g Ingwer**
+ **4—5 EL Ghee oder Butterschmalz**
+ **1 TL gemahlener Koriander**
+ **½ TL Kreuzkümmelsamen**
+ **1—2 TL rote Currypaste**
+ **½ Bund Koriander**

LINSEN
MIT BOHNEN UND TOFU

ZUTATEN FÜR 4 PERSONEN

+ **225 g grüne Puy-Linsen**
+ **4 Möhren**
+ **500 g breite grüne Bohnen**
+ **400 g Tofu**
+ **4 Zwiebeln**
+ **2 Knoblauchzehen**
+ **3 EL Öl • 1 EL Butter**
+ **½ l Gemüsebrühe**
+ **2 getrocknete rote Chilischoten**
+ **2 EL Currypulver**
+ **Salz • Pfeffer aus der Mühle**

ZUBEREITUNG

01. Die Linsen in kaltem Wasser etwa 3 Stunden einweichen. Dann in ein Sieb abgießen, in einen Topf geben und mit frischem Wasser bedeckt etwa 30 Minuten garen.

02. Die Möhren putzen, schälen und in bleistiftdicke Stifte schneiden. Die Bohnen putzen, waschen und schräg in Stücke schneiden. Den Tofu abbrausen, trocken tupfen und in Streifen schneiden. Die Zwiebeln und den Knoblauch schälen, die Zwiebeln in Streifen schneiden, den Knoblauch fein hacken.

03. Das Öl mit der Butter in einer Pfanne erhitzen. Den Tofu darin goldbraun braten,

herausnehmen und auf Küchenpapier abtropfen lassen. Die Zwiebeln und den Knoblauch im verbliebenen Fett bei mittlerer Hitze anbraten, die Möhrenstifte und die Bohnen hinzufügen. Die Brühe dazugießen, die Chilischoten dazubröseln und das Currypulver unterrühren. Das Gemüse zugedeckt 30 Minuten köcheln lassen.

04. Die Linsen zum Gemüse geben und mit erhitzen, dann den Tofu unterrühren. Mit Salz und Pfeffer würzen und nach Belieben mit Petersilie bestreut servieren.

KARTOFFELCURRY
MIT KÜRBIS UND ERDNÜSSEN

ZUTATEN FÜR 4 PERSONEN

+ **600 g Kürbis**
+ **1 Zwiebel**
+ **800 g kleine festkochende Kartoffeln**
+ **2 EL Öl**
+ **2 TL geriebener Ingwer**
+ **½ TL Chilipulver**
+ **400 ml Kokosmilch**
+ **1 rote Chilischote**
+ **1 TL Garam Masala**
+ **2 EL Erdnusskerne**
+ **2 EL gehackter Koriander**

ZUBEREITUNG

01. Den Kürbis schälen, entkernen und in mundgerechte Stücke schneiden. Die Zwiebel schälen und in Streifen schneiden. Die Kartoffeln unter fließendem kaltem Wasser gründlich abbürsten und in Achtel schneiden.

02. Das Öl in einem Topf erhitzen, die Zwiebeln und den Ingwer darin anbraten. Das Chilpulver dazugeben und kurz mitbraten, dann die Kartoffelspalten hinzufügen. Mit Kokosmilch sowie 150 ml Wasser ablöschen und zugedeckt bei mittlerer Hitze 10 Minuten köcheln lassen. Dann die Kürbisstücke dazugeben und zugedeckt weitere 10 Minuten köcheln lassen, dabei gelegentlich umrühren.

03. Die Chilischote putzen, waschen und in Ringe schneiden. Garam Masala, Chiliringe und Erdnüsse zum Curry geben und alles offen noch einmal kurz aufkochen. Das Curry mit Koriander bestreut servieren.

LINSEN-DAL
MIT GEMISCHTEM GEMÜSE

ZUBEREITUNG

01. Die Linsen in einem Sieb unter fließendem kaltem Wasser waschen und abtropfen lassen.

02. In einem Topf 2 EL Ghee oder Butterschmalz zerlassen, Kurkuma, Chili, Paprika, Kreuzkümmel und Garam Masala einrühren. Die Linsen dazugeben und unter Rühren andünsten. 1,2 l Wasser dazugießen, 1 Lorbeerblatt hinzufügen und die Linsen zugedeckt bei mittlerer Hitze etwa 20 Minuten garen, dabei gelegentlich umrühren. Falls das Dal zu dick wird, noch etwas Wasser dazugießen. Mit Salz abschmecken.

03. Das Gemüse putzen, waschen und klein schneiden. Das restliche Ghee zerlassen und die Senfkörner mit dem zweiten Lorbeerblatt darin zugedeckt anrösten. Das Gemüse dazugeben, kurz mitbraten, etwas Wasser hinzufügen und das Gemüse zugedeckt 5 Minuten dünsten. Mit Salz und Pfeffer abschmecken.

04. Das Dal auf Schälchen verteilen, das Gemüse darauf anrichten und mit Kokosflocken bestreuen. Nach Belieben mit Pappadam servieren.

___

TIPP — *Die knusprigen Pappadams (Linsenfladen) werden in Indien als Knabbergebäck zu Getränken, aber auch zu vielen Gerichten gereicht. Es gibt sie auch gewürzt (z.B. mit Kreuzkümmel oder Chili).*

ZUTATEN
FÜR 4 PERSONEN

+ **300 g gelbe Linsen**
+ **4 EL Ghee oder Butterschmalz**
+ **1 TL gemahlene Kurkuma**
+ **¼ TL Chilipulver**
+ **½ TL Paprikapulver**
+ **½ TL gemahlener Kreuzkümmel**
+ **1 TL Garam Masala**
+ **2 Lorbeerblätter • Salz**
+ **500 g gemischtes Gemüse (z.B. grüne Bohnen, Blumenkohl, Auberginen, Zucchini)**
+ **1 TL schwarze Senfkörner**
+ **Pfeffer aus der Mühle**
+ **Kokosflocken zum Bestreuen**

LINSEN-DAL
MIT ZUCCHINI UND MÖHREN

ZUTATEN FÜR 4 PERSONEN

+ **200 g gelbe Linsen**
+ **1 Gemüsezwiebel**
+ **1 Aubergine**
+ **2 Zucchini**
+ **2 Möhren**
+ **2 EL Ghee oder Butterschmalz**
+ **1 TL gemahlene Kurkuma**
+ **je 2 TL gemahlener Koriander und Kreuzkümmel**
+ **2 TL Senfpulver**
+ **¼ l Gemüsebrühe**
+ **Saft von 2 Limetten • Salz**
+ **½ Bund Koriander**
+ **1 rote Chilischote**

ZUBEREITUNG

01. Die Linsen in einem Sieb unter fließendem kaltem Wasser waschen und abtropfen lassen. Die Zwiebel schälen und in Streifen schneiden. Die Aubergine und die Zucchini putzen, waschen, längs halbieren und quer in Scheiben schneiden. Die Möhren putzen, schälen und ebenfalls in Scheiben schneiden.

02. Das Ghee oder Butterschmalz in einem Topf zerlassen, Kurkuma, Koriander, Kreuzkümmel und Senfpulver einrühren. Zwiebel, Aubergine, Zucchini und Möhren dazugeben und unter Rühren andünsten. Die Linsen und die Brühe hinzufügen und alles zugedeckt bei schwacher Hitze etwa 25 Minuten köcheln lassen. Dann den Saft von 1 Limette unter das Linsen-Dal rühren.

03. Das Linsen-Dal vom Herd nehmen und 5 Minuten zugedeckt ziehen lassen, danach mit Salz und dem restlichen Limettensaft abschmecken. Den Koriander waschen und trocken schütteln, die Blätter von den Stielen zupfen. Die Chilischote putzen, waschen und in Ringe schneiden. Mit dem Koriander über das Dal streuen.

KÜRBISCURRY
MIT TOMATEN

ZUTATEN FÜR 4 PERSONEN

+ 250 g Basmatireis
+ 10 Cocktailtomaten
+ 3 Kaffir-Limettenblätter
+ 600 g Kürbis
+ 2 EL Öl
+ 1 EL rote Currypaste
+ 400 ml Kokosmilch
+ ½ Bund Koriander

ZUBEREITUNG

01. Den Reis in einem Sieb unter fließendem kaltem Wasser waschen, bis das Wasser klar abläuft. In einem Topf ½ l Wasser mit etwas Salz aufkochen, den Reis hinzufügen und bei schwacher Hitze 20 Minuten quellen lassen.

02. Die Cocktailtomaten und die Limettenblätter waschen und trocken tupfen. Den Kürbis schälen, entkernen und in mundgerechte Stücke schneiden. Das Öl in einem Topf erhitzen und die Currypaste einrühren. Von der oberen, cremigen Schicht der Kokosmilch 5 EL abnehmen und unter die Currypaste rühren. Die Masse bei schwacher Hitze 1 Minute köcheln lassen.

03. Die Limettenblätter, die Kürbisstücke und die restliche Kokosmilch dazugeben und bei schwacher Hitze unter Rühren etwa 8 Minuten schmoren. Die Cocktailtomaten hinzufügen und kurz mitdünsten.

04. Den Koriander waschen und trocken schütteln, die Blätter von den Stielen zupfen und über das Curry streuen. Das Kürbiscurry mit dem Basmatireis servieren.

GRÜNES GEMÜSECURRY
MIT PILZEN

ZUBEREITUNG

01. Für die Currypaste die Schalotte und den Knoblauch schälen und in grobe Würfel schneiden. Die Chilischote längs halbieren, entkernen, waschen und in Stücke schneiden. Die Korianderwurzel und den Galgant putzen und in Stücke schneiden. Den Koriander waschen, trocken schütteln, die Blätter abzupfen und mit Korianderkörnern, Kreuzkümmel, etwas Salz und den restlichen vorbereiteten Zutaten im Mörser zu einer Paste verreiben.

02. Für das Gemüse die Zwiebeln schälen und in Streifen schneiden, die Möhren putzen, schälen und in Stifte schneiden. Die Bohnen putzen, waschen und quer halbieren. Den Brokkoli putzen, waschen, abtropfen lassen und in einzelne Röschen teilen. Die Paprikaschote längs halbieren, entkernen, waschen und in Streifen schneiden. Den Pak-Choi putzen, waschen und in Stücke schneiden. Die Pilze putzen und in Streifen schneiden. Den Mais abbrausen und abtropfen lassen.

03. Das Öl in einer Pfanne erhitzen, die Zwiebeln mit den Möhren darin 1 bis 2 Minuten andünsten. Das restliche Gemüse dazugeben und weitere 2 bis 3 Minuten unter Rühren garen. Die Currypaste unterrühren, kurz mitdünsten, dann die Kokosmilch angießen. Etwa 5 Minuten garen, sodass das Gemüse noch einen leichten Biss hat. Das Gemüsecurry mit Salz abschmecken und servieren.

———

TIPP — *Falls Ihnen die Zubereitung der Currypaste zu aufwendig ist, können Sie grüne oder gelbe Currypaste aus dem Asienladen verwenden — je nach Schärfe 1 bis 2 TL zum Gemüse geben.*

ZUTATEN
FÜR 4 PERSONEN

FÜR DIE CURRYPASTE:
+ 1 Schalotte
+ 1 Knoblauchzehe
+ 1 grüne Chilischote
+ 1 haselnussgroßes Stück Korianderwurzel
+ 1 walnussgroßes Stück Galgant
+ 1 Handvoll Koriander
+ 1 TL Korianderkörner
+ ½ TL Kreuzkümmel
+ Salz

FÜR DAS GEMÜSE:
+ 2 Zwiebeln
+ 2 Möhren
+ 400 g grüne Bohnen
+ 500 g Brokkoli
+ 1 rote Paprikaschote
+ 250 g Pak-Choi
+ 150 g Shiitake-Pilze
+ 250 g Mini-Maiskolben (aus der Dose)
+ 2 EL Öl
+ ca. 400 ml Kokosmilch

WIRSINGCURRY
MIT CHILI UND KOKOS

ZUBEREITUNG

01. Den Wirsing putzen, die Blätter waschen und in etwa 2 cm breite Streifen schneiden. Die Zwiebeln und den Knoblauch schälen und in feine Würfel schneiden. Die Chilischote längs halbieren, entkernen, waschen und in feine Streifen schneiden.

02. Das Öl in einem Topf erhitzen, die Zwiebeln, den Knoblauch und die Chilistreifen darin etwa 2 Minuten anbraten. Die Wirsingstreifen hinzufügen und unter Rühren kurz mitbraten.

03. Die Kokosmilch dazugießen. Die Zitronenschale hinzufügen und das Gemüse mit Salz würzen. Den Wirsing bei mittlerer Hitze 8 bis 10 Minuten bissfest garen, dabei immer wieder umrühren.

04. Das Curry mit Salz und Pfeffer abschmecken. Das Kokosfruchtfleisch mit einem Sparschäler in dünne Streifen hobeln. Das Wirsingcurry mit den Kokosstreifen oder Kokoschips garnieren und nach Belieben in Kokosnusshälften servieren.

───────

TIPP — So knacken Sie eine Kokosnuss: Die Schale mit einem Hammer aufklopfen und das Fleisch mit einem spitzen Messer vorsichtig herauslösen. Nach Belieben die braune Haut entfernen.

ZUTATEN
FÜR 4 PERSONEN

+ **800 g Wirsing**
+ **2 Zwiebeln**
+ **1 Knoblauchzehe**
+ **1 rote Chilischote**
+ **3 EL Öl**
+ **400 ml Kokosmilch**
+ **½ TL abgeriebene unbehandelte Zitronenschale**
+ **Salz • Pfeffer aus der Mühle**
+ **50 g frisches Kokosnussfleisch (oder 2 EL getrocknete Kokoschips)**

BLUMENKOHLCURRY
MIT ZUCCHINI UND MÖHREN

ZUBEREITUNG

01. Den Blumenkohl putzen, waschen und in Röschen teilen. Die Möhren putzen, schälen, längs halbieren und schräg in etwa 4 cm lange Stücke schneiden. Die Frühlingszwiebeln putzen, waschen und ebenfalls in etwa 4 cm lange Stücke schneiden. Die Zucchini putzen, waschen und längs halbieren. Die Chilischote putzen, waschen und in feine Ringe schneiden.

02. Die Blumenkohlröschen in kochendem Salzwasser 8 Minuten bissfest garen. Nach 3 Minuten Möhren, Frühlingszwiebeln und Zucchini dazugeben und mitgaren. Das Gemüse in ein Sieb abgießen und abtropfen lassen.

03. Das Ghee oder Butterschmalz in einem Topf zerlassen, Chili, Safran, Kurkuma, Ingwer und Kreuzkümmel einrühren. Das Gemüse hinzufügen und unter Rühren etwa 4 Minuten mitbraten. Mit Salz und Pfeffer würzen. Die Kokosmilch und den Zitronensaft dazugießen und kurz aufkochen lassen. Das Blumenkohlcurry nach Belieben mit Korianderblättern garniert servieren.

TIPP — *Die ätherischen Öle der Chilischote sind im Curry willkommene Scharfmacher, dürfen aber auf keinen Fall in die Augen geraten. Also Hände, Messer und Schneidebrett gründlich waschen.*

ZUTATEN
FÜR 2 PERSONEN

+ **1 kleiner Blumenkohl**
+ **6 kleine Möhren**
+ **4 Frühlingszwiebeln**
+ **4 Baby-Zucchini**
+ **1 rote Chilischote • Salz**
+ **3 EL Ghee oder Butterschmalz**
+ **1 Döschen Safranfäden**
+ **1 TL gemahlene Kurkuma**
+ **½ TL geriebener Ingwer**
+ **1 TL Kreuzkümmelsamen**
+ **Pfeffer aus der Mühle**
+ **400 ml Kokosmilch**
+ **Saft von ½ Zitrone**

LINSEN-DAL
MIT TOMATEN

ZUTATEN FÜR 4 PERSONEN

+ **300 g rote Linsen**
+ **2 EL Ghee oder Butterschmalz**
+ **½ TL gemahlene Kurkuma**
+ **¼ TL Chilipulver**
+ **½ TL Paprikapulver**
+ **½ TL gemahlener Kreuzkümmel**
+ **1 TL Garam Masala**
+ **1 Lorbeerblatt**
+ **2–3 Tomaten**
+ **Salz**

ZUBEREITUNG

01. Die Linsen in einem Sieb unter fließendem kaltem Wasser waschen und abtropfen lassen.

02. Das Ghee oder Butterschmalz in einem Topf zerlassen und die gemahlenen Gewürze einrühren. Die Linsen hinzufügen und unter Rühren andünsten. 1,2 l Wasser und das Lorbeerblatt dazugeben und alles zugedeckt bei mittlerer Hitze etwa 20 Minuten köcheln lassen, dabei gelegentlich umrühren. Wird das Dal zu dick, noch etwas Wasser hinzufügen.

03. Die Tomaten waschen, vierteln und entkernen, das Fruchtfleisch in möglichst kleine Würfel schneiden. Das Linsen-Dal mit Salz würzen, in Schälchen anrichten und mit den Tomatenwürfeln bestreuen. Nach Belieben mit Korianderblättern garniert servieren. Dazu passt Chapati, indisches Fladenbrot (siehe Innenklappe hinten).

KARTOFFELCURRY
MIT YAMSWURZELN

ZUTATEN FÜR 4 PERSONEN

+ **1 kg Yamswurzeln • Salz**
+ **2 Süßkartoffeln**
+ **70 g Okraschoten**
+ **1 Zwiebel**
+ **2 Knoblauchzehen**
+ **4 EL Ghee oder Butterschmalz**
+ **1 TL geriebener Ingwer**
+ **2 grüne Kardamomkapseln**
+ **2 TL Zucker**
+ **1 EL Vindaloo-Paste**
  (aus dem Asienladen)
+ **1 EL gemahlener Koriander**
+ **¼ TL gemahlene Kurkuma**
+ **200 g Naturjoghurt**

ZUBEREITUNG

01. Die Yamswurzeln schälen, in mundgerechte Stücke schneiden und in kochendem Salzwasser etwa 15 Minuten garen. Die Süßkartoffeln schälen und in Würfel schneiden, nach 5 Minuten zu den Yamswurzelstücken geben und mitgaren. Die Okraschoten waschen und abtrocknen, jede Schote mit einem feuchten Tuch abwischen und in Stücke schneiden.

02. Die Zwiebel schälen und in feine Scheiben schneiden. Den Knoblauch schälen und halbieren. Das Ghee oder Butterschmalz in einem Topf zerlassen, Zwiebel, Knoblauch und Ingwer darin anbraten. Die Kardamomkapseln

aufbrechen und die Samen mit Zucker, Vindaloo-Paste, Koriander und Kurkuma zu den Zwiebeln geben, unterrühren und 3 Minuten mitbraten.

03. Die Yamswurzeln und Süßkartoffeln abgießen, mit den Okraschoten in die Zwiebel-Gewürz-Mischung geben und etwa 5 Minuten mitköcheln lassen.

04. Den Topf vom Herd nehmen und den Joghurt unter das Curry rühren. Das Kartoffelcurry mit Basmatireis oder Pappadam servieren.

SÜSSKARTOFFELCURRY
MIT PILZEN

ZUBEREITUNG

01. Die Zwiebel und den Knoblauch schälen und in feine Würfel schneiden. Die Süßkartoffeln schälen und in Würfel schneiden. Den Zucchino putzen, waschen und in etwa ½ cm dicke Scheiben schneiden.

02. Die Paprikaschoten längs halbieren, entkernen, waschen und in mundgerechte Stücke schneiden. Die Pilze putzen, falls nötig, trocken abreiben und je nach Größe ganz lassen oder in Stücke schneiden.

03. Das Öl in einem Topf erhitzen und die Zwiebel und den Knoblauch darin andünsten. Kurkuma und Kreuzkümmel dazugeben und kurz mitdünsten. Die Süßkartoffeln, die Zucchinischeiben, Paprika und Pilze hinzufügen und die Brühe angießen. Mit Salz und Chilipulver würzen und unter gelegentlichem Rühren bei schwacher Hitze etwa 30 Minuten köcheln lassen. Bei Bedarf noch etwas Brühe angießen.

04. Das Curry vom Herd nehmen und den Joghurt unterrühren. Das Süßkartoffelcurry abschmecken, auf Schüsseln verteilen und mit Kräuterblättern garniert servieren.

TIPP — *Süßkartoffeln werden zwar ähnlich wie Kartoffeln zubereitet, erinnern geschmacklich durch ihren hohen Zuckergehalt aber eher an Möhren. Die Süße harmoniert gut mit würzigen Zutaten.*

ZUTATEN FÜR 4 PERSONEN

+ **1 Zwiebel**
+ **1 Knoblauchzehe**
+ **500 g Süßkartoffeln**
+ **1 Zucchino**
+ **2 rote Paprikaschoten**
+ **100 g Pilze (z.B. Braunkappen oder Champignons)**
+ **2 EL Öl**
+ **1 TL gemahlene Kurkuma**
+ **1 TL gemahlener Kreuzkümmel**
+ **ca. ½ l Gemüsebrühe**
+ **Salz • Chilipulver**
+ **200 g Naturjoghurt**

BLUMENKOHLCURRY
MIT PAPRIKA UND LINSEN

ZUBEREITUNG

01. Die Linsen in einem Sieb unter fließendem kaltem Wasser waschen und abtropfen lassen.

02. Den Blumenkohl putzen, waschen und in Röschen teilen. Die Zwiebeln schälen und in feine Würfel schneiden. Die Tomaten kreuzweise einritzen, überbrühen, häuten, halbieren, entkernen und in Spalten schneiden. Die Paprikaschote längs halbieren, entkernen, waschen und in Streifen schneiden. Die Chilischote längs halbieren, entkernen, waschen und fein hacken.

03. Das Ghee oder Butterschmalz in einem Topf zerlassen und die Zwiebeln darin unter Rühren anbraten. Die Chilischote, die Lorbeerblätter, Kurkuma und Kreuzkümmel hinzufügen und 2 Minuten mitbraten. Linsen, Blumenkohl, Tomaten und Paprika hinzufügen, 1½ l Wasser dazugießen und aufkochen. Das Gemüse mit Salz würzen und zugedeckt bei schwacher Hitze etwa 25 Minuten garen.

04. Den Koriander waschen und trocken schütteln, die Blätter von den Stielen zupfen und fein hacken. Das Blumenkohlcurry mit Garam Masala und Koriander bestreut servieren.

———

TIPP — *Für selbst gemachtes Garam Masala je 1 EL Koriander- und Kreuzkümmelsamen, 1 TL schwarze Pfefferkörner, 6 Kardamomkapseln, 1 zerstoßene Zimtstange und 5 Gewürznelken rösten. Dann mahlen.*

ZUTATEN
FÜR 4 PERSONEN

+ **200 g rote Linsen**
+ **½ Blumenkohl (ca. 350 g)**
+ **2 Zwiebeln**
+ **4 Tomaten**
+ **1 grüne Paprikaschote**
+ **1 rote Chilischote**
+ **4 EL Ghee oder Butterschmalz**
+ **2 Lorbeerblätter**
+ **1 TL gemahlene Kurkuma**
+ **1 TL gemahlener Kreuzkümmel Salz**
+ **3 Stiele Koriander**
+ **1 TL Garam Masala (indische Gewürzmischung)**

GEMÜSECURRY
MIT MAISKÖLBCHEN

ZUTATEN FÜR 4 PERSONEN

+ **150 g Blumenkohl**
+ **150 g Brokkoli**
+ **150 g grüne Bohnen**
+ **3 festkochende Kartoffeln**
+ **2 Schalotten**
+ **je 1 rote Paprika- und Chilischote**
+ **4 Kaffir-Limettenblätter**
+ **2 EL Sojaöl**
+ **1–2 EL gelbe Currypaste**
+ **450 ml Kokosmilch**
+ **10 Mini-Maiskolben (aus der Dose)**
+ **1 EL Palmzucker**
+ **1 EL Limettensaft**
+ **1–2 EL helle Sojasauce**

ZUBEREITUNG

01. Den Blumenkohl und den Brokkoli putzen, waschen und in Röschen teilen. Die Bohnen putzen, waschen und in 4 cm lange Stücke schneiden. Die Kartoffeln schälen, waschen und in 2 cm große Würfel schneiden. Die Schalotten schälen und in feine Würfel schneiden.

02. Die Paprika- und die Chilischote längs halbieren, entkernen und waschen. Die Paprikaschote in schmale Streifen, die Chilischote in feine Würfel schneiden. Die Kaffir-Limettenblätter waschen und in feine Streifen schneiden.

03. Das Öl in einem Wok erhitzen und die Schalotten darin bei mittlerer Hitze unter Rühren anbraten. Die Currypaste hinzufügen und kurz mitbraten. Mit 150 ml Wasser ablöschen, dann die Kokosmilch angießen.

04. Den Blumenkohl, die Kartoffeln sowie die Kaffir-Limettenblätter hinzufügen und alles 8 Minuten köcheln lassen. Brokkoli, Bohnen, Paprika, Chili und die abgetropften Maiskölbchen dazugeben und weitere 5 Minuten garen.

05. Das Curry mit Palmzucker, Limettensaft und Sojasauce abschmecken und mit Reis servieren.

GRÜNES TOFUCURRY
MIT THAI-AUBERGINEN

ZUTATEN FÜR 4 PERSONEN

+ 600 g Tofu
+ 4 EL Erdnussöl
+ 200 g Brokkoli
+ 2 kleine Thai-Auberginen
  (oder grün-weiße Auberginen) • Salz
+ 200 g Zuckerschoten
+ 10 g Ingwer • 2 Zwiebeln
+ 1 Knoblauchzehe
+ 2 EL grüne Currypaste
+ 150 ml Gemüsebrühe
+ 400 ml Kokosmilch
+ Pfeffer aus der Mühle
+ 1—2 EL Limettensaft
+ 2 EL helle Sojasauce

ZUBEREITUNG

01. Den Tofu in mundgerechte Würfel schneiden. In einem Wok 2 EL Öl erhitzen, den Tofu darin rundum bei mittlerer Hitze anbraten, herausnehmen und warm halten.

02. Den Brokkoli putzen, waschen und in Röschen teilen. Die Auberginen putzen, waschen, in mundgerechte Würfel schneiden und mit Salz bestreuen. Die Zuckerschoten putzen und waschen. Den Ingwer, die Zwiebeln und den Knoblauch schälen. Den Ingwer in feine Würfel, die Zwiebeln in feine Streifen schneiden.

03. Das restliche Öl im Wok erhitzen, Ingwer und Zwiebeln darin bei mittlerer Hitze unter Rühren anbraten. Knoblauch dazupressen, Currypaste unterrühren und kurz mitbraten. Auberginenstücke mit Küchenpapier trocken tupfen und in den Wok geben. Brühe und Kokosmilch angießen und etwa 5 Minuten einkochen lassen.

04. Den Brokkoli unterheben, kurz mitgaren und das Curry mit Salz, Pfeffer, Limettensaft und Sojasauce abschmecken. Zuckerschoten und Tofu hinzufügen und im Curry erwärmen. Das Tofucurry auf Schälchen verteilen und nach Belieben mit Basmatireis servieren.

GEMÜSECURRY
MIT PAPRIKA UND COUSCOUS

ZUBEREITUNG

01. Die Zwiebeln schälen und in Streifen schneiden. Den Knoblauch schälen. Die Chilischote längs halbieren, entkernen, waschen und in feine Streifen schneiden. Die Paprikaschoten ebenfalls längs halbieren, entkernen, waschen und in Streifen schneiden. Die Kichererbsen in einem Sieb kalt abbrausen und abtropfen lassen. Die Kartoffeln pellen und in mundgerechte Stücke schneiden.

02. Das Öl in einem Topf erhitzen und die Zwiebeln darin unter Rühren anbraten. Chili, Paprika und Kartoffeln dazugeben und unter ständigem Rühren 5 Minuten mitbraten. Den Knoblauch durch die Presse dazudrücken, die Kichererbsen und die Kokosmilch hinzufügen. Das Curry mit Chilipulver und Kurkuma würzen und zugedeckt bei schwacher Hitze etwa 20 Minuten garen.

03. Nach der Hälfte der Garzeit den Couscous in einer Schüssel mit 300 ml kochendem Wasser übergießen und zugedeckt 5 bis 7 Minuten quellen lassen. Den gequollenen Couscous mit einer Gabel auflockern und die Butter unterrühren.

04. Das Gemüsecurry mit Salz und Pfeffer abschmecken, nach Belieben mit Minzeblättern garnieren und mit dem Couscous servieren.

ZUTATEN
FÜR 6 PERSONEN

+ **4 Zwiebeln**
+ **4 Knoblauchzehen**
+ **1 rote Chilischote**
+ **4 orangefarbene Paprikaschoten**
+ **240 g Kichererbsen (aus der Dose)**
+ **600 g festkochende Kartoffeln (gegart)**
+ **6 EL Öl**
+ **400 ml Kokosmilch**
+ **1 TL Chilipulver**
+ **2 TL gemahlene Kurkuma**
+ **300 g Instant-Couscous**
+ **2–3 EL Butter**
+ **Salz • Pfeffer aus der Mühle**

TIPP — *Wer kein Fan von Couscous ist, kann das Curry natürlich auch mit Basmatireis oder Fladenbrot servieren. Die Kartoffeln lassen sich auch sehr gut durch Kürbis oder Süßkartoffeln ersetzen.*

GEMÜSECURRY
MIT KARTOFFELN

ZUTATEN FÜR 4 PERSONEN

+ 2 EL Ghee oder Butterschmalz
+ 1 TL schwarze Senfkörner
+ 8 schwarze Pfefferkörner
+ ¼ TL Nelkenpulver
+ ½ TL gemahlener Koriander
+ 1 TL Garam Masala
+ ½ TL gemahlener Kreuzkümmel
+ ¼ TL gemahlener Fenchel
+ 240 g Tomaten (aus der Dose)
+ 400 g festkochende Kartoffeln
+ 400 g gemischtes Gemüse
  (z.B. Möhren und Blumenkohl)
+ 3 Lorbeerblätter • Salz
+ je 1 Msp. Zimtpulver und frisch
  geriebene Muskatnuss

ZUBEREITUNG

01. Das Ghee oder Butterschmalz in einem Topf zerlassen, die Senf- und Pfefferkörner darin zugedeckt anrösten, bis sie nicht mehr springen. Die gemahlenen Gewürze dazugeben und kurz mitrösten. Die Tomaten hinzufügen, mit einer Gabel zerdrücken und bei schwacher Hitze 10 Minuten köcheln lassen.

02. Die Kartoffeln schälen und in Würfel schneiden. Das Gemüse putzen, waschen oder schälen und klein schneiden. Die Kartoffeln, das Gemüse und die Lorbeerblätter zu den Tomaten geben, mit Salz würzen und

¼ l Wasser dazugießen. Das Curry bei schwacher Hitze zugedeckt etwa 20 Minuten garen, dabei gelegentlich umrühren.

03. Das Gemüsecurry mit Zimt, Muskatnuss und Salz würzen und einige Minuten auf der ausgeschalteten Herdplatte ziehen lassen. Nach Belieben mit Frühlingszwiebel- und Chiliringen, Tomatenscheiben und Eierspalten garnieren. Dazu passt Basmatireis.

KARTOFFELCURRY
MIT TOMATEN UND ZUCCHINI

ZUTATEN FÜR 4 PERSONEN

+ **500 g kleine Zucchini**
+ **300 g Tomaten**
+ **1 kg festkochende Kartoffeln**
+ **1 Gemüsezwiebel**
+ **1 Knoblauchzehe**
+ **20 g Ingwer**
+ **2 EL Ghee oder Butterschmalz**
+ **1 EL Currypulver**
+ **1 TL gemahlener Kreuzkümmel**
+ **Salz • Pfeffer aus der Mühle**
+ **½ l Gemüsebrühe**
+ **60 g Cashewkerne**

ZUBEREITUNG

01. Die Zucchini putzen, waschen und in mundgerechte Stücke schneiden. Die Tomaten waschen, halbieren und in Spalten schneiden, dabei die Stielansätze entfernen. Die Kartoffeln schälen und in Würfel schneiden. Die Zwiebel und den Knoblauch schälen und in feine Würfel schneiden. Den Ingwer schälen und fein reiben.

02. Das Ghee oder Butterschmalz in einem großen Topf zerlassen und die Kartoffeln darin rundum anbraten. Die Zucchini dazugeben und ebenfalls anbraten. Zwiebel, Knoblauch und Ingwer kurz mitbraten und mit Curry, Kreuzkümmel, Salz und Pfeffer würzen.

Die Tomaten und die Brühe dazugeben und das Curry zugedeckt bei schwacher Hitze etwa 15 Minuten köcheln lassen. Mit Salz und Pfeffer abschmecken.

03. Die Cashewkerne in einer beschichteten Pfanne ohne Fett goldbraun rösten. Das Curry auf Tellern oder in Schälchen anrichten, mit den gerösteten Cashewkernen und nach Belieben mit Kreuzkümmelsamen bestreuen.

EIERCURRY
MIT TOMATEN

ZUBEREITUNG

01. Die Eier hart kochen. Die Zwiebeln und den Knoblauch schälen und in feine Würfel schneiden. Die Chilischote längs halbieren, entkernen, waschen und in feine Streifen schneiden.

02. Das Ghee oder Butterschmalz in einer tiefen Pfanne zerlassen, Kreuzkümmel und Kurkuma einrühren. Zwiebeln, Knoblauch, Chilistreifen und Ingwer dazugeben und mit anbraten.

03. Die Sahne, die Tomatenstücke und das Tomatenmark hinzufügen und etwa 4 Minuten köcheln lassen. Das Curry mit Garam Masala, Cayennepfeffer und Salz würzen.

04. Die Eier pellen und längs halbieren, mit der Schnittseite nach oben in das Curry legen und darin erwärmen. Das Eiercurry nach Belieben mit Korianderblättern bestreut servieren. Dazu passt Pappadam oder Chapati (siehe Innenklappe hinten).

TIPP — *Frischen Ingwer bewahrt man am besten im Gemüsefach des Kühlschranks auf — dort hält er sich etwa 1 Woche. Junge Ingwerwurzeln liefern ein fruchtig-mildes, ältere ein intensiveres, schärferes Aroma.*

ZUTATEN
FÜR 4 PERSONEN

+ **8 Eier**
+ **2 Zwiebeln**
+ **1 Knoblauchzehe**
+ **1 rote Chilischote**
+ **3 EL Ghee oder Butterschmalz**
+ **½ TL gemahlener Kreuzkümmel**
+ **½ TL gemahlene Kurkuma**
+ **1 TL geriebener Ingwer**
+ **50 g Sahne**
+ **425 g stückige Tomaten (aus der Dose)**
+ **1 EL Tomatenmark**
+ **1 TL Garam Masala**
+ **½ TL Cayennepfeffer**
+ **Salz**

SÜSSKARTOFFELCURRY
MIT GEWÜRZJOGHURT

ZUTATEN FÜR 4 PERSONEN

+ **250 g grüne Bohnen • Salz**
+ **250 g Frühlingszwiebeln**
+ **3 rote Chilischoten**
+ **10 g Ingwer • 300 g Möhren**
+ **200 g festkochende Kartoffeln**
+ **500 g Süßkartoffeln • 5 EL Öl**
+ **2 Msp. gemahlener Kardamom**
+ **1 TL gemahlene Kurkuma**
+ **3 Msp. gemahlener Kreuzkümmel**
+ **3 Msp. Paprikapulver**
+ **2 Msp. Nelkenpulver**
+ **¼ l Kokosmilch**
+ **¼ l Gemüsebrühe**
+ **100 g Naturjoghurt**

ZUBEREITUNG

01. Die Bohnen putzen, waschen und schräg halbieren. Dann in kochendem Salzwasser bissfest blanchieren, in ein Sieb abgießen, kalt abschrecken und abtropfen lassen.

02. Die Frühlingszwiebeln putzen und waschen, das Grün in feine Streifen schneiden, das Weiße fein hacken. Die Chilischoten längs halbieren, entkernen, waschen und in feine Streifen schneiden. Den Ingwer schälen und fein reiben. Möhren, Kartoffeln und Süßkartoffeln schälen und in mundgerechte Stücke schneiden.

03. In einem Topf 3 El Öl erhitzen, gehackte Frühlingszwiebeln, Chilistreifen, Ingwer und Gewürze darin anbraten. Drei Viertel der Zwiebelmischung herausnehmen und beiseitestellen.

04. Das restliche Öl in den Topf geben, Süß-kartoffeln und Kartoffeln darin anbraten. Kokosmilch und Brühe dazugießen und alles zugedeckt etwa 7 Minuten köcheln lassen. Möhren, Bohnen, Zwiebelgrün und die beisei-tegestellte Zwiebelmischung – bis auf 1 EL – dazugeben. Das Curry 3 Minuten garen, sal-zen. Den Joghurt mit der restlichen Zwiebel-mischung glatt rühren und dazu servieren.

KICHERERBSEN-KORMA
MIT INGWER UND CHILI

ZUTATEN FÜR 4 PERSONEN

+ 250 g getrocknete Kichererbsen
+ 2 Zwiebeln • 3 Knoblauchzehen
+ 2 rote Chilischoten
+ 1 TL geriebener Ingwer
+ 50 g gemahlene Mandeln
+ 2 EL Ghee oder Butterschmalz
+ ¼ TL gemahlener Kardamom
+ ½ TL Zimtpulver
+ je 1½ TL gemahlener Kreuzkümmel und Koriander
+ 400 ml Kokosmilch
+ Salz • Zucker
+ 1½ TL Garam Masala

ZUBEREITUNG

01. Die Kichererbsen über Nacht in Wasser einweichen. In ein Sieb abgießen und abtropfen lassen. Die Zwiebeln und den Knoblauch schälen und in feine Würfel schneiden. Die Chilischoten längs halbieren, entkernen, waschen und ebenfalls in feine Würfel schneiden. Zwiebeln, Knoblauch und Chili mit dem Ingwer und den Mandeln mischen.

02. Das Ghee oder Butterschmalz in einem Topf zerlassen, Kardamom, Zimt, Kreuzkümmel und Koriander einrühren. Die Zwiebel-Mandel-Mischung zu den Gewürzen geben und 2 bis 3 Minuten unter Rühren mitbraten. Die Kokosmilch und die Kichererbsen hinzufügen und offen bei schwacher Hitze etwa 1 Stunde köcheln lassen, bis die Kichererbsen weich sind.

03. Das Korma mit Salz, Zucker und Garam Masala würzen und weitere 2 Minuten köcheln lassen. Nach Belieben mit Frühlingszwiebelringen garnieren und mit Basmatireis servieren.

KOKOS-LINSEN-REIS
MIT ZITRONENGRAS

ZUBEREITUNG

01. Den Reis in einem Sieb unter fließendem kaltem Wasser waschen, bis das Wasser klar abläuft, und abtropfen lassen. Vom Zitronengras die welken Außenblätter und die obere, trockene Hälfte entfernen, die untere Hälfte andrücken.

02. Die Brühe mit der Kokosmilch in einem Topf aufkochen und den Wildreis mit dem Zitronengras und den Curryblättern dazugeben. Alles bei schwacher Hitze zugedeckt etwa 20 Minuten köcheln lassen.

03. Die Linsen ebenfalls in einem Sieb abbrausen, abtropfen lassen, zum Reis geben und weitere 15 Minuten garen. Bei Bedarf noch etwas Brühe angießen. Am Garzeitende sollte die Flüssigkeit vollständig von Reis und Linsen aufgesogen sein.

04. Den Kokos-Linsen-Reis mit etwas Sojasauce abschmecken, das Zitronengras und die Curryblätter wieder entfernen. Den Reis auf Schüsseln verteilen und mit Kokoschips und Korianderblättern garniert servieren.

ZUTATEN
FÜR 4 PERSONEN

+ **100 g Wildreis**
+ **1 Stängel Zitronengras**
+ **ca. ¼ l Gemüsebrühe**
+ **400 ml Kokosmilch**
+ **2—3 Curryblätter**
+ **300 g weiße Linsen**
+ **helle Sojasauce**
+ **Kokoschips und Korianderblätter zum Garnieren**

TIPP — *Weiße Linsen erhalten Sie ebenso wie Curryblätter und Zitronengras am besten in asiatischen Lebensmittelgeschäften. Ersatzweise können Sie jedoch auch Berglinsen verwenden.*

CURRYS MIT FISCH

GARNELENCURRY
MIT COCKTAILTOMATEN

ZUBEREITUNG

01. Das Zitronengras putzen, die äußeren Blätter und die obere, trockene Hälfte entfernen, das Helle schräg in feine Ringe schneiden. Die Zwiebel und den Knoblauch schälen und in feine Würfel schneiden. Die Chilischoten längs halbieren, entkernen, waschen und fein hacken.

02. Die Cocktailtomaten waschen und halbieren. Den Koriander waschen und trocken schütteln, die Blätter von den Stielen zupfen. Die Garnelen kalt abbrausen und trocken tupfen.

03. Das Öl in einer Pfanne erhitzen, Zitronengras, Zwiebel, Knoblauch und Chilischoten darin einige Minuten anbraten. Die Garnelen dazugeben und bei starker Hitze 1 bis 2 Minuten unter Rühren braten, mit Salz würzen und aus der Pfanne herausnehmen.

04. Die Kokosmilch und die Cocktailtomaten in die Pfanne geben und etwa 3 Minuten bei mittlerer Hitze sämig einkochen lassen. Die Garnelen und die Korianderblätter hinzufügen und in der Sauce erhitzen, aber nicht mehr kochen lassen. Das Garnelencurry mit Basmatireis servieren.

ZUTATEN
FÜR 4 PERSONEN

+ **2 Stängel Zitronengras**
+ **1 Zwiebel**
+ **1 Knoblauchzehe**
+ **2 grüne Chilischoten**
+ **200 g Cocktailtomaten**
+ **1 Bund Koriander**
+ **200 g Garnelen (küchenfertig)**
+ **1 EL Sesamöl**
+ **Salz**
+ **400 ml Kokosmilch**

———

TIPP — *Statt mit Garnelen kann man dieses Curry auch mit festfleischigem Fischfilet zubereiten. Probieren Sie es doch einmal mit Rotbarsch- oder (etwas teurer) mit edlem Seeteufel- oder Steinbeißerfilet.*

FISCHCURRY
MIT MEERESFRÜCHTEN

ZUBEREITUNG

01. Die Garnelen, den Tintenfisch und das Rotbarschfilet waschen und trocken tupfen. Tintenfisch und Fischfilet in mundgerechte Stücke schneiden, Garnelen mit Salz und Pfeffer würzen und mit Zitronensaft beträufeln.

02. Die Zwiebel und den Knoblauch schälen und in feine Würfel schneiden. Die Chilischote längs halbieren, entkernen, waschen und fein hacken. Das Zitronengras putzen, die äußeren Blätter und die obere, trockene Hälfte entfernen, das Helle schräg in feine Ringe schneiden. Die Limettenblätter waschen und trocken tupfen.

03. In einer Pfanne 1 EL Öl erhitzen und Zwiebel, Knoblauch, Chili und Zitronengras darin kurz anbraten. Die Kokosmilch und die Limettenblätter hinzufügen und die Currypaste unterrühren. Die Sauce aufkochen und 3 Minuten köcheln lassen. Die Limettenblätter wieder herausnehmen. Die Sauce mit Palmzucker und Fischsauce abschmecken.

04. Reichlich Wasser in einem Topf erhitzen. Die Eiernudeln ins kochende Wasser geben, den Topf vom Herd nehmen und die Nudeln 5 Minuten ziehen lassen. Umrühren, in ein Sieb abgießen und abtropfen lassen.

05. Die Garnelen und die Fischstücke in die Sauce geben und 3 bis 4 Minuten ziehen lassen. In einer Pfanne das restliche Öl erhitzen und den Tintenfisch darin etwa 2 Minuten rundum braten.

06. Das Fischcurry mit den Nudeln und dem Tintenfisch anrichten und nach Belieben mit blanchierten Zuckerschoten und Minzeblättern garnieren.

ZUTATEN
FÜR 4 PERSONEN

+ **125 g Garnelen (küchenfertig)**
+ **125 g Tintenfischtuben (küchenfertig)**
+ **125 g Rotbarschfilet**
+ **Salz • Pfeffer aus der Mühle**
+ **2 EL Zitronensaft**
+ **1 Zwiebel**
+ **2 Knoblauchzehen**
+ **1 rote Chilischote**
+ **1 Stängel Zitronengras**
+ **3 Kaffir-Limettenblätter**
+ **2 EL Sesamöl**
+ **400 ml Kokosmilch**
+ **2 TL grüne Currypaste**
+ **Palmzucker**
+ **2 EL Fischsauce**
+ **150 g chinesische Eiernudeln**

WALLERCURRY
MIT WEISSKOHL

ZUBEREITUNG

01. Die Zwiebel schälen und in feine Würfel schneiden. Die Tomaten waschen, halbieren und entkernen, dabei die Stielansätze entfernen. Die Tomaten in kleine Würfel schneiden.

02. In einem Topf 1 EL Öl erhitzen und die Zwiebelwürfel darin bei schwacher Hitze einige Minuten andünsten. Das Tomatenmark unterrühren und kurz anrösten. Die Tomatenwürfel hinzufügen, den Fond dazugießen und alles bei schwacher Hitze 30 Minuten ziehen lassen. Die Sauce 5 Minuten vor Garzeitende mit Kurkuma, 1 Prise Zucker, Paprika, Salz, Pfeffer, Ingwer, Knoblauch und Currypulver würzen, 3 EL kalte Butter unterrühren. Die Sauce mit dem Stabmixer pürieren und durch ein feines Sieb streichen.

03. Den Weißkohl putzen, die äußeren Blätter entfernen und den Strunk herausschneiden. Die Kohlblätter in Rauten schneiden. Das restliche Öl in einer Pfanne erhitzen und den Weißkohl darin bei mittlerer Hitze anbraten. Mit Salz, Pfeffer und 1 Prise Kümmel würzen. Die restliche kalte Butter unterrühren und die Petersilie dazugeben.

04. In einem Topf Salzwasser zum Kochen bringen. Das Wallerfilet waschen, trocken tupfen und in 2 cm große Stücke schneiden. Den Topf vom Herd nehmen, die Fischstücke in das Salzwasser legen und etwa 3 Minuten darin ziehen lassen.

05. Den Kohl auf Teller veteilen, die Sauce darübergeben. Die Wallerstücke mit dem Schaumlöffel aus dem Topf heben, kurz abtropfen lassen und auf dem Kraut anrichten.

ZUTATEN
FÜR 4 PERSONEN

+ **1 Zwiebel**
+ **450 g Tomaten**
+ **2 EL Öl**
+ **1 EL Tomatenmark**
+ **¼ l Fischfond**
+ **1 Msp. gemahlene Kurkuma**
+ **brauner Zucker**
+ **½ TL Paprikapulver (edelsüß)**
+ **Salz • Pfeffer aus der Mühle**
+ **je 1 TL gehackter Ingwer und Knoblauch**
+ **1 EL mildes Currypulver**
+ **4 EL kalte Butter**
+ **300 g junger Weißkohl**
+ **gemahlener Kümmel**
+ **1 EL gehackte Petersilie**
+ **600 g Wallerfilet (ohne Haut und Gräten)**

GARNELENCURRY
MIT ZUCKERSCHOTEN

ZUTATEN FÜR 4 PERSONEN

+ **600 ml Kokosmilch**
+ **125 ml Geflügelbrühe**
+ **1 Vanilleschote**
+ **1 EL grüne Currypaste**
+ **100 g Zuckerschoten**
+ **100 g Mini-Maiskolben
  (aus dem Glas)**
+ **400 g Garnelen (küchenfertig)**
+ **1 rote Chilischote**
+ **1—2 TL brauner Zucker**
+ **Korianderblätter zum Garnieren**

ZUBEREITUNG

01. Die Kokosmilch mit der Brühe in einem Topf erhitzen. Die Vanilleschote längs aufschneiden, das Mark herauskratzen und mit der Currypaste unter die Kokosmilch rühren.

02. Die Zuckerschoten putzen, waschen und schräg halbieren. Die Maiskolben abtropfen lassen und längs halbieren. Maiskolben und Zuckerschoten in dem Kokossud 3 Minuten köcheln lassen.

03. Die Garnelen kalt abbrausen und trocken tupfen, in den Kokossud geben und etwa 4 Minuten gar ziehen, aber nicht mehr kochen lassen.

04. Die Chilischote längs halbieren, entkernen, waschen, in feine Streifen schneiden und zuletzt zum Curry geben. Das Garnelencurry mit Zucker abschmecken und mit Korianderblättern garniert servieren. Dazu passt Basmatireis.

CURRY-GARNELEN
MIT KURKUMA UND BANANE

ZUTATEN FÜR 4 PERSONEN

+ 1 große Zwiebel
+ 1 Knoblauchzehe
+ 3 EL Ghee oder Butterschmalz
+ 2 EL Mehl
+ 2 TL Currypulver
+ 2 TL gemahlene Kurkuma
+ ¼ l Geflügelbrühe
+ 1 Banane
+ 4 EL Sahne
+ Salz • Pfeffer aus der Mühle
+ 1 Msp. Ingwerpulver
+ 1 TL Zitronensaft
+ 500 g Garnelen (küchenfertig)
+ ½ Bund Petersilie

ZUBEREITUNG

01. Die Zwiebel und den Knoblauch schälen und in feine Würfel schneiden. Das Ghee oder Butterschmalz in einer Pfanne zerlassen, Zwiebel und Knoblauch anbraten. Mehl, Curry und Kurkuma darüberstäuben, kurz mitbraten.

02. Die Brühe und etwas Wasser dazugießen und 5 Minuten köcheln lassen. Die Banane schälen und mit einer Gabel fein zerdrücken. Das Bananenmus unter die Currysauce mischen. Die Sahne unterrühren und die Sauce mit Salz, Pfeffer, Ingwer und Zitronensaft würzen.

03. Die Garnelen kalt abbrausen, trocken tupfen, in die Currysauce geben und 3 bis 4 Minuten garen. Die Petersilie waschen und trocken schütteln, die Blätter von den Stielen zupfen und fein hacken.

04. Die Curry-Garnelen auf Tellern oder in Schälchen anrichten und mit der Petersilie bestreuen. Dazu passt Chapati (siehe Innenklappe hinten) oder Basmatireis.

SEAFOOD-CURRY
MIT GARNELEN UND MANGO

ZUBEREITUNG

01. Die Meeresfrüchte auftauen lassen, in einem Sieb kalt abbrausen und trocken tupfen.

02. Die Mangos schälen, das Fruchtfleisch in etwa ½ cm dicken Scheiben vom Kern schneiden. Die Hälfte des Fruchtfleischs mit den Kokosraspeln, der Kokosmilch, Chili, Curry und 3 EL Wasser im Küchenmixer zu einer feinen Sauce pürieren.

03. Die Zwiebeln und den Knoblauch schälen und in feine Würfel schneiden. Die Möhre und die Selleriestangen putzen und schälen bzw. waschen und in Würfel schneiden. Etwas Selleriegrün zum Garnieren beiseitelegen.

04. Das Öl in einer Pfanne erhitzen und die Gemüsewürfel darin unter Rühren andünsten. Die Meeresfrüchte dazugeben und kurz mitdünsten. Die Mangosauce untermischen und alles bei schwacher Hitze etwa 8 Minuten mehr ziehen als köcheln lassen. Falls die Sauce zu dick wird, entweder etwas Kokosmilch oder Wasser hinzufügen.

05. Das Curry mit Zitronensaft, Sesamöl, Salz und Pfeffer würzen und mit den restlichen Mangoscheiben und dem Selleriegrün garnieren.

ZUTATEN FÜR 4 PERSONEN

+ **500 g tiefgekühlte gemischte Meeresfrüchte (z.B. Shrimps, Muscheln, Tintenfischtuben)**
+ **2 Mangos**
+ **3 EL Kokosraspel**
+ **ca. 3 EL Kokosmilch**
+ **2 Msp. Chilipulver**
+ **2 EL Currypulver**
+ **2 Zwiebeln**
+ **3 Knoblauchzehen**
+ **1 große Möhre**
+ **2 Stangen Staudensellerie**
+ **2 EL Öl**
+ **Saft von ½ Zitrone**
+ **5 EL Sesamöl**
+ **Salz • Pfeffer aus der Mühle**

TIPP — *Da sich während der Lagerung das Fett an der Oberfläche absetzt, sollte man Kokosmilch vor Gebrauch gut schütteln. Es sei denn, diese dickere Cremeschicht wird in einem Rezept mit verwendet.*

FISCH-KARTOFFEL-CURRY
MIT KÜRBIS

ZUTATEN FÜR 4 PERSONEN

+ **500 g festkochende Kartoffeln**
+ **500 g Butternutkürbis**
+ **1 Zwiebel**
+ **10 g Ingwer**
+ **2 EL Sojaöl**
+ **1 TL gelbe Currypaste**
+ **200 ml Fischfond**
+ **400 ml Kokosmilch**
+ **500 g weißes, festfleischiges Fischfilet**
  (z.B. Viktoriabarsch oder Seeteufel)
+ **Zitronensaft**
+ **Salz • Pfeffer aus der Mühle**
+ **4 Stiele Thai-Basilikum**

ZUBEREITUNG

01. Die Kartoffeln schälen und waschen, den Kürbis entkernen und schälen. Beides in 1½ cm große Würfel schneiden. Die Zwiebel schälen und in schmale Streifen schneiden. Den Ingwer schälen und auf der Küchenreibe fein reiben.

02. Das Öl in einem Wok oder einer tiefen Pfanne erhitzen. Die Currypaste darin unter Rühren etwa 1 Minute anbraten. Zwiebel und Ingwer dazugeben und unter Rühren 1 bis 2 Minuten braten. Mit dem Fond ablöschen, die Kokosmilch angießen und aufkochen lassen. Die Kartoffelwürfel dazugeben und bei mittlerer Hitze 10 bis 15 Minuten garen. Den

Kürbis hinzufügen und alles weitere 5 bis 8 Minuten garen.

03. Inzwischen den Fisch waschen, trocken tupfen und in 4 cm große Würfel schneiden. Mit etwas Zitronensaft beträufeln, mit Salz und Pfeffer würzen, zum Curry geben und 5 Minuten bei schwacher Hitze darin gar ziehen lassen.

04. Das Basilikum waschen, trocken schütteln und die Blätter abzupfen. Das Curry mit Salz, Pfeffer und Zitronensaft abschmecken und mit Thai-Basilikum garniert servieren.

VENUSMUSCHELN
IN GOAN-SAUCE

ZUTATEN FÜR 4 PERSONEN

+ **2 Schalotten**
+ **3 Knoblauchzehen**
+ **10 g Ingwer • 2 EL Erdnussöl**
+ **Cayennepfeffer**
+ **1 TL Paprikapulver**
+ **1 TL gemahlene Kurkuma**
+ **½ TL Kreuzkümmel**
+ **50 ml trockener Weißwein**
+ **¼ l Fischfond**
+ **450 ml Kokosmilch**
+ **2 kg Venusmuscheln**
+ **1 Handvoll Koriander**
+ **Salz • Pfeffer**
+ **2 TL Zitronensaft**

ZUBEREITUNG

01. Die Schalotten, den Knoblauch und den Ingwer schälen und in feine Würfel schneiden. Das Öl in einem großen Topf erhitzen, Schalotten, Knoblauch und Ingwer darin anbraten. 1 Prise Cayennepfeffer, Paprikapulver, Kurkuma und Kreuzkümmel dazugeben und unter Rühren kurz mitbraten. Mit dem Wein ablöschen, 100 ml Wasser, den Fond und die Kokosmilch angießen und etwa 10 Minuten köcheln lassen.

02. Inzwischen die Muscheln unter fließendem Wasser gründlich abbürsten und die Bärte der Muscheln entfernen. Geöffnete Exemplare aussortieren. Die Venusmuscheln in den Sud geben und zugedeckt bei mittlerer Hitze 5 bis 8 Minuten garen.

03. Muscheln, die sich nicht geöffnet haben, entfernen. Den Koriander waschen, trocken schütteln, die Blätter abzupfen und fein hacken. Kurz vor dem Servieren unter die Muscheln mischen und die Sauce mit Salz, Pfeffer und Zitronensaft abschmecken. Die Venusmuscheln mit Naanbrot (siehe Seite 124) oder Basmatireis servieren.

GRÜNES MEERESFRÜCHTECURRY
MIT SPINAT UND LIMETTE

ZUBEREITUNG

01. Die Meeresfrüchte auftauen lassen, in einem Sieb kalt abbrausen und trocken tupfen. Die Limettenblätter waschen, trocken tupfen und in feine Streifen schneiden. Die Limette heiß waschen und trocken reiben, die Schale fein abreiben und 1 EL Saft auspressen. Den Spinat verlesen, waschen, abtropfen lassen und grob hacken.

02. Von der Kokosmilch die obere, cremige Schicht abnehmen und in einer Pfanne erhitzen. Limettenblätter und -schale mit der Currypaste unterrühren und 5 Minuten sanft andünsten. Die restliche Kokosmilch und den Fischfond dazugießen und aufkochen lassen.

03. Die Meeresfrüchte in die Sauce geben und bei schwacher Hitze 5 Minuten gar ziehen lassen. Zuletzt den Spinat hinzufügen und das Curry mit Fischsauce, Zucker und Limettensaft würzen. Das Meeresfrüchtecurry nach Belieben mit Limettenzesten garnieren und mit Basmatireis servieren.

─────

TIPP — *Thailändische Currypasten verleihen Saucen Würze und Schärfe: Rote Pasten passen zu Rind, Fisch und Geflügel, grune zu Fisch und Meeresfruchten und die gelben vor allem zu Huhn, aber auch zu Rind.*

ZUTATEN
FÜR 4 PERSONEN

+ **500 g tiefgekühlte gemischte Meeresfrüchte (z.B. Muscheln, Garnelen, Tintenfischtuben)**
+ **3 Kaffir-Limettenblätter**
+ **1 unbehandelte Limette**
+ **300 g frischer Blattspinat (ersatzweise 100 g tiefgekühlter Spinat)**
+ **400 ml Kokosmilch**
+ **2 EL grüne Currypaste**
+ **¼ l Fischfond**
+ **2 EL Fischsauce**
+ **2 TL brauner Zucker**

LACHS-KOKOS-CURRY
MIT EIERNUDELN

ZUTATEN FÜR 4 PERSONEN

+ 400 g Lachsfilet
+ 1 Stange Lauch
+ 1 Zwiebel
+ 1 rote Chilischote
+ 2 Stängel Zitronengras
+ 20 g Ingwer
+ 2 EL Öl
+ 2 TL gelbe Currypaste
+ 400 ml Kokosmilch
+ Salz • Zucker
+ 1–2 EL Austernsauce
+ 200 g chinesische Eiernudeln

ZUBEREITUNG

01. Das Lachsfilet waschen, trocken tupfen und in mundgerechte Stücke schneiden. Den Lauch putzen, waschen und in feine Ringe schneiden. Die Zwiebel schälen und in feine Würfel schneiden. Die Chilischote putzen, waschen und in feine Ringe schneiden.

02. Das Zitronengras putzen, die äußeren Blätter und die obere, trockene Hälfte entfernen, das Helle schräg in feine Ringe schneiden. Den Ingwer schälen und fein reiben.

03. Das Öl erhitzen, Zwiebel, Chiliringe und Ingwer darin andünsten. Lauch und Zitronengras hinzufügen, die Currypaste unterrühren und die Kokosmilch dazugießen. Mit Salz würzen und alles 3 bis 4 Minuten köcheln lassen. Den Lachs hinzufügen, das Curry mit Zucker und Austernsauce abschmecken und noch 3 Minuten garen.

04. Die Nudeln in kochendes Wasser geben, den Topf vom Herd nehmen und die Nudeln 5 Minuten gar ziehen lassen. Umrühren, in ein Sieb abgießen und abtropfen lassen. Die Nudeln in Schälchen anrichten, das Curry darauf verteilen.

FISCHCURRY
MIT SHIITAKE-PILZEN

ZUTATEN FÜR 4 PERSONEN

+ **150 g chinesische Eiernudeln**
+ **400 g festfleischiges Fischfilet**
  (z.B. Steinbutt, Heilbutt, Schellfisch)
+ **120 g Shiitake-Pilze**
+ **1 rote Chilischote**
+ **1 EL Öl**
+ **2 EL rote Currypaste**
+ **½ l Fischfond**
+ **400 ml Kokosmilch**
+ **1 TL Speisestärke**
+ **Salz • 2 EL Fischsauce**
+ **Saft von 1 Zitrone**

ZUBEREITUNG

01. Reichlich Wasser in einem Topf erhitzen. Die Eiernudeln ins kochende Wasser geben, den Topf vom Herd nehmen und die Nudeln 5 Minuten gar ziehen lassen. Umrühren, in ein Sieb abgießen und abtropfen lassen.

02. Das Fischfilet waschen, trocken tupfen und in mundgerechte Stücke schneiden. Die Pilze putzen und mit Küchenpapier trocken abreiben. Die Chilischote putzen, waschen und in feine Ringe schneiden.

03. Das Öl in einer Pfanne erhitzen und die Pilze darin kurz anbraten. Currypaste, Fischfond und Kokosmilch hinzufügen und aufkochen lassen. Den Fisch dazugeben und 2 bis 3 Minuten bei mittlerer Hitze ziehen lassen.

04. Die Speisestärke mit wenig Wasser glatt rühren und unter das Fischcurry mischen. Kurz aufkochen und die Sauce damit binden. Mit Salz, Fischsauce und Zitronensaft abschmecken. Die Nudeln unterheben und erhitzen. Das Curry mit Chiliringen und nach Belieben mit Korianderblättern bestreuen.

CURRY-FISCHRÖLLCHEN
AUF BASMATIREIS

ZUBEREITUNG

01. Den Reis in einem Sieb unter fließendem kaltem Wasser waschen, bis das Wasser klar abläuft. In einem Topf 400 ml Wasser mit etwas Salz aufkochen, den Reis hinzufügen und bei schwacher Hitze 20 Minuten quellen lassen.

02. Die Tomaten kreuzweise einritzen, überbrühen, häuten, halbieren, entkernen und in Spalten schneiden. Die Schalotten und den Knoblauch schälen, die Schalotten in dünne Spalten schneiden. Die Aubergine putzen, waschen und in etwa 1 cm dicke Scheiben schneiden.

03. Die Schollenfilets waschen und trocken tupfen. Mit Salz und Pfeffer würzen und mit Zitronensaft beträufeln, aufrollen und mit kleinen Holzspießen feststecken.

04. In einer Pfanne 4 EL Öl portionsweise erhitzen und die Auberginenscheiben darin auf beiden Seiten anbraten, herausnehmen und auf Küchenpapier abtropfen lassen. Die Schalotten im restlichen Öl glasig dünsten und den Knoblauch durch die Presse dazudrücken. Die Hälfte der Tomaten dazugeben, mit Curry bestäuben und kurz mitdünsten. Etwas Wasser dazugießen und einmal aufkochen.

05. Die restlichen Tomaten mit den Auberginen und den Fischröllchen in die Sauce geben, mit Salz und Pfeffer würzen und zugedeckt etwa 5 Minuten köcheln lassen. Die gehackte Petersilie unterrühren. Die Fischröllchen und das Gemüse mit dem Basmatireis anrichten und nach Belieben mit Korianderblättern garniert servieren.

ZUTATEN FÜR 4 PERSONEN

+ **200 g Basmatireis**
+ **Salz**
+ **500 g Tomaten**
+ **2 Schalotten**
+ **1 Knoblauchzehe**
+ **1 kleine Aubergine**
+ **8 Schollenfilets**
+ **Pfeffer aus der Mühle**
+ **Saft von ½ Zitrone**
+ **6 EL Öl**
+ **2 EL Currypulver**
+ **2 EL gehackte Petersilie**

FISCHCURRY
MIT ZUCCHINI

ZUBEREITUNG

01. Die Fischfilets waschen, trocken tupfen und in mundgerechte Stücke schneiden. Die Stücke mit Salz, Zitronensaft und Sojasauce mischen und 30 Minuten marinieren.

02. Die Frühlingszwiebeln putzen, waschen und in feine Ringe schneiden. Das Basilikum waschen und trocken schütteln, die Blätter von den Stielen zupfen. Die Limettenblätter waschen, trocken tupfen und in feine Streifen schneiden. Die Zucchini putzen, waschen und in Scheiben schneiden. Die Kokosmilch in einem Topf zum Kochen bringen und bei schwacher Hitze 5 Minuten köcheln lassen.

03. Das Öl in einer tiefen Pfanne erhitzen. Den Fisch aus der Marinade nehmen und im Öl bei schwacher Hitze etwa 4 Minuten dünsten. Kokosmilch, Currypaste und die Fischmarinade hinzufügen und aufkochen lassen. Frühlingszwiebeln, Basilikum, Limettenblätter und Zucchini dazugeben und das Curry weitere 4 Minuten garen. Mit Salz abschmecken. Dazu passt Basmatireis.

ZUTATEN
FÜR 4 PERSONEN

+ **800 g Kabeljaufilet**
+ **Salz**
+ **Saft von 1 Zitrone**
+ **2 EL helle Sojasauce**
+ **½ Bund Frühlingszwiebeln**
+ **3 Stiele Thai-Basilikum**
+ **3 Kaffir-Limettenblätter**
+ **2 Zucchini**
+ **400 ml Kokosmilch**
+ **3 EL Öl**
+ **2—3 TL grüne Currypaste**

TIPP — *Thai-Basilikum schmeckt minziger und pfeffriger als unser Basilikum und hat außerdem ein leichtes Anisaroma. Ersatzweise können Sie jedoch auch herkömmliches Basilikum verwenden.*

ROTBARSCH
IN GEWÜRZSAUCE

ZUBEREITUNG

01. Für die Marinade die Zwiebel schälen und auf der Gemüsereibe fein reiben. Den Knoblauch schälen und fein hacken. Den Joghurt mit dem Essig, 2 EL Wasser, der Zwiebel, dem Knoblauch, Ingwer, Paprika, Koriander, Kurkuma, Garam Masala, Chili, 1 TL Salz, ½ TL Pfeffer und der Lebensmittelfarbe verrühren.

02. Eine große Auflaufform mit Öl ausstreichen. Die Fischfilets waschen und trocken tupfen, mit Zitronensaft beträufeln und mit Salz würzen. Die Filets halbieren und in die Form legen.

03. Den Rotbarsch mit der Joghurtmarinade übergießen und zugedeckt etwa 2 Stunden im Kühlschrank durchziehen lassen, dabei die Filets gelegentlich wenden.

04. Den Backofen auf 180 °C vorheizen. Den Fisch im Backofen auf der mittleren Schiene etwa 30 Minuten garen. 5 Minuten vor Ende der Garzeit den Backofengrill einschalten und den Rotbarsch goldbraun grillen. Den Rotbarsch mit der Sauce in Schälchen anrichten und nach Belieben mit Chili- und Zwiebelringen garnieren. Dazu passt Basmatireis.

TIPP — *Anstelle von Rotbarschfilet können Sie auch weißfleischige Meeresfische wie Kabeljau oder Seelachs verwenden. Noch edler wird das Gericht mit Seeteufelmedaillons.*

ZUTATEN
FÜR 4 PERSONEN

+ 1 Zwiebel
+ 5 Knoblauchzehen
+ 400 g Naturjoghurt
+ 3 EL Essig
+ ½ TL geriebener Ingwer
+ 2 EL Paprikapulver
+ 1 TL gemahlener Koriander
+ 1 TL gemahlene Kurkuma
+ 1 TL Garam Masala
+ 1 TL Chilipulver
+ Salz • Pfeffer aus der Mühle
+ 2 Tropfen gelbe oder rote Lebensmittelfarbe
+ Öl für die Form
+ 4 Rotbarschfilets (à 200 g)
+ 2 EL Zitronensaft

CURRYS MIT FLEISCH

HÄHNCHENCURRY
NACH THAI-ART

ZUBEREITUNG

01. Die Zwiebel und den Knoblauch schälen und in feine Würfel schneiden. Das Zitronengras putzen, die äußeren Blätter und die obere, trockene Hälfte entfernen, das Helle in feine Ringe schneiden. Die Limettenblätter waschen und trocken tupfen.

02. In einem Topf 1 EL Öl erhitzen, Zwiebel, Knoblauch, Zitronengras und Limettenblätter darin hell anbraten. Das Tomatenmark unterrühren und kurz mitbraten. Die Kokosmilch dazugießen und alles aufkochen. Den Zucker und den Limettensaft hinzufügen, die Sauce mit Salz, Curry und Cayennepfeffer würzen. Den Ingwer dazugeben und die Sauce einige Minuten bei schwacher Hitze ziehen lassen. Die Speisestärke mit wenig Wasser glatt rühren, zum Binden unter die Sauce rühren und weitere 2 Minuten köcheln lassen.

03. Das Hähnchenfleisch waschen, trocken tupfen und in mundgerechte Stücke schneiden. Das restliche Öl in einer Pfanne erhitzen und die Hähnchenstücke darin bei mittlerer Hitze von allen Seiten anbraten. Das Hähnchenfleisch in das Curry geben und 10 Minuten ziehen lassen. Das Curry nach Belieben mit Thai-Basilikum garnieren und mit Basmatireis servieren.

ZUTATEN FÜR 4 PERSONEN

+ ½ Zwiebel
+ 3 Knoblauchzehen
+ 1 Stängel Zitronengras
+ 6 Kaffir-Limettenblätter
+ 2 EL Öl
+ 1 TL Tomatenmark
+ ½ l Kokosmilch
+ 50 g brauner Zucker
+ Saft von 1 Limette
+ Salz
+ 1 EL Currypulver
+ Cayennepfeffer
+ 2 TL geriebener Ingwer
+ 1–2 TL Speisestärke
+ 4 Hähnchenbrustfilets (à ca. 150 g)

TIPP — *Kaffir-Limettenblätter sind in den scharfen Saucen der Thai-Küche fast ein Muss. Sie werden entweder wie Lorbeerblätter als Würze mitgegart oder in feine Streifen geschnitten zum Garnieren verwendet.*

KOKOSHÄHNCHEN
MIT MANDELN UND SAFRAN

ZUBEREITUNG

01. Das Hähnchenfleisch waschen, trocken tupfen und in mundgerechte Stücke schneiden. Den Safran in 1 EL heißem Wasser auflösen und mit dem Joghurt verrühren. Kurkuma, Chili und Paprika unterrühren und den Joghurt mit Salz abschmecken. Den Würzjoghurt gründlich mit dem Hähnchenfleisch vermischen und etwa 30 Minuten ziehen lassen.

02. Den Knoblauch schälen und fein hacken. Den Ingwer schälen und fein reiben. Die Chilischote putzen, waschen und in feine Ringe schneiden. Das Öl in einem Topf erhitzen, Knoblauch und Ingwer darin anbraten. Die marinierten Hähnchenstücke hinzufügen und bei mittlerer Hitze von allen Seiten anbraten.

03. Die Kokosmilch dazugießen, Chiliringe und Curryblätter hinzufügen. Alles zugedeckt bei schwacher Hitze etwa 10 Minuten köcheln lassen, bis das Fleisch gar ist.

04. Die Mandeln und die Kokosraspel hinzufügen. Das Curry mit Zimt abschmecken und zugedeckt etwa 5 Minuten mehr ziehen als köcheln lassen. Nach Belieben mit Pappadam servieren.

TIPP — *In den Kernen der Chilischoten steckt ein Großteil des Aromas, aber auch der Schärfe. Wer es nicht allzu scharf mag, sollte die kleinen Schoten also unbedingt entkernen.*

ZUTATEN
FÜR 4 PERSONEN

+ **500 g Hähnchenbrustfilet**
+ **½ TL Safranfäden**
+ **200 g Naturjoghurt**
+ **1 TL gemahlene Kurkuma**
+ **je ½ TL Chili- und Paprikapulver • Salz**
+ **2 Knoblauchzehen**
+ **20 g Ingwer**
+ **1 rote Chilischote**
+ **3 EL Öl**
+ **200 ml Kokosmilch**
+ **4—6 Curryblätter**
+ **50 g gemahlene Mandeln**
+ **2 EL Kokosraspel**
+ **½ TL Zimtpulver**

HÄHNCHEN
MIT CASHEWKERNEN

ZUBEREITUNG

01. Das Fleisch waschen, trocken tupfen und in mundgerechte Stücke schneiden. Die Zwiebeln schälen und in dünne Scheiben schneiden. Den Knoblauch schälen. Den Ingwer schälen und fein reiben. 4 EL Cashewkerne im Küchenmixer mahlen oder im Mörser fein zerstoßen.

02. Das Ghee oder Butterschmalz in einer Pfanne zerlassen und die Zwiebeln darin unter Rühren 10 Minuten dunkelbraun braten. Den Knoblauch durch die Presse dazudrücken und den Ingwer hinzufügen, beides kurz mitbraten. Die Nelken, Zimtstangen und Kardamomkapseln dazugeben und ebenfalls kurz mitrösten.

03. Die Fleischstücke zu den Zwiebeln geben und 2 Minuten mitbraten. Das Currypulver unterrühren und mit Salz würzen.

04. Die gemahlenen Cashewkerne und ¼ l heißes Wasser nach und nach unter Rühren zum Fleisch geben. Das Curry zugedeckt bei schwacher Hitze etwa 15 Minuten köcheln lassen, bis das Fleisch gar ist. Die restlichen Cashewkerne und die Mandelblättchen in einer beschichteten Pfanne ohne Fett goldbraun rösten. Das Curry mit den Cashewkernen und den Mandelblättchen bestreuen und nach Belieben mit Korianderblättern garnieren.

TIPP — *Wenn Sie gesalzene Cashewkerne verwenden, sollten Sie das Curry erst nach der Hälfte der Garzeit mit Salz abschmecken. Anstelle von Cashewkernen passen auch blanchierte Mandeln in das Curry.*

ZUTATEN FÜR 4 PERSONEN

+ **600 g Hähnchen- oder Putenbrustfilet**
+ **6 Zwiebeln**
+ **4 Knoblauchzehen**
+ **20 g Ingwer**
+ **6 EL Cashewkerne**
+ **3 EL Ghee oder Butterschmalz**
+ **4 Gewürznelken**
+ **4 Zimtstangen**
+ **6 grüne Kardamomkapseln**
+ **4 TL Currypulver • Salz**
+ **2 EL Mandelblättchen**

ENTENCURRY
MIT PAPRIKA

ZUTATEN FÜR 4 PERSONEN

- ½ Ente (ca. 1,2 kg; küchenfertig)
- ½ Bund Koriander
- 1 EL süße Sojasauce (Kecap Manis)
- 1½ EL Honig
- 5 Knoblauchzehen
- Salz • Pfeffer aus der Mühle
- 2 rote Paprikaschoten
- 4 Kaffir-Limettenblätter
- 3 EL Öl
- 2 EL rote Currypaste
- 400 ml Kokosmilch
- 10 Thai-Basilikumblätter
- 2 EL Fischsauce
- Zucker

ZUBEREITUNG

01. Die Ente waschen und trocken tupfen. Den Koriander waschen, trocken schütteln, die Blätter abzupfen und – bis auf einige zum Garnieren – hacken. Sojasauce und Honig verrühren, den Knoblauch schälen und dazupressen. Koriander unterrühren und die Paste mit Salz und Pfeffer würzen. Die Ente innen und außen damit bestreichen und zugedeckt 2 Stunden marinieren.

02. Den Backofen auf 220 °C vorheizen. Die Ente auf den Bratrost legen, eine Fettpfanne darunter schieben und die Ente 10 Minuten im Ofen braten. Die Temperatur auf 180 °C reduzieren und die Ente etwa 50 Minuten garen, dabei ab und zu wenden. Die gegarte Ente tranchieren.

03. Die Paprikaschoten längs halbieren, entkernen, waschen und in Streifen schneiden. Limettenblätter waschen und trocken tupfen. Das Öl in einer Pfanne erhitzen und die Currypaste einrühren. Von der oberen, cremigen Schicht der Kokosmilch 5 EL abnehmen, mit Paprika, Limettenblättern und Basilikum hinzufügen und 4 Minuten köcheln lassen. Entenstücke, Fischsauce, Zucker und restliche Kokosmilch dazugeben und erhitzen. Mit Korianderblättern garnieren.

HÄHNCHENCURRY
MIT ZUCKERSCHOTEN

ZUTATEN FÜR 4 PERSONEN

+ **500 g Hähnchenbrustfilet**
+ **4 Schalotten**
+ **2 Knoblauchzehen**
+ **250 g Zuckerschoten**
+ **2 EL Öl**
+ **200 ml Kokosmilch**
+ **2 EL rote Currypaste**
+ **2 EL Fischsauce**
+ **2 EL Palmzucker**
+ **2 rote Chilischoten**
+ **1 Bund Schnittknoblauch**

ZUBEREITUNG

01. Das Hähnchenfleisch waschen, trocken tupfen und in mundgerechte Stücke schneiden. Die Schalotten und den Knoblauch schälen und in feine Würfel schneiden. Die Zuckerschoten putzen, waschen und halbieren.

02. Das Öl in einer Pfanne erhitzen, Schalotten und Knoblauch darin unter Rühren 1 Minute anbraten. Die Hähnchenstücke hinzufügen und von allen Seiten mit anbraten. Die Kokosmilch dazugießen, die Currypaste, die Fischsauce und den Palmzucker unterrühren. Das Curry bei schwacher Hitze etwa 5 Minuten köcheln lassen. Dann die Zuckerschoten hinzufügen und unter gelegentlichem Rühren 5 Minuten mitköcheln lassen, bis das Fleisch gar ist und die Zuckerschoten noch Biss haben.

03. Eine Chilischote längs halbieren, entkernen, waschen und fein hacken, die andere Schote putzen, waschen und in feine Ringe schneiden. Den Schnittknoblauch waschen, trocken schütteln und in feine Röllchen schneiden. Das Hähnchencurry mit Chili und Schnittknoblauch bestreut servieren.

HÄHNCHENCURRY
MIT NÜSSEN UND BANANE

ZUBEREITUNG

01. Das Hähnchenfleisch waschen, trocken tupfen und in Streifen schneiden, mit Salz und Pfeffer würzen. Den Kardamom im Mörser zerstoßen, mit Ingwer, Garam Masala, Cayennepfeffer und dem Fleisch gründlich vermischen.

02. Die Banane schälen und halbieren. Eine Hälfte mit einer Gabel zerdrücken, die andere Hälfte in Scheiben schneiden und mit dem Zitronensaft beträufeln. Den Reis in einem Sieb unter fließendem kaltem Wasser waschen, bis das Wasser klar abläuft. In einem Topf 400 ml Wasser mit etwas Salz aufkochen, den Reis hinzufügen und bei schwacher Hitze 20 Minuten quellen lassen. Den Backofen auf 200 °C vorheizen.

03. Die Auberginen waschen, in eine gefettete Auflaufform legen und im Ofen auf der mittleren Schiene etwa 20 Minuten garen, bis sie weich werden. Sesam und Erdnüsse in einer beschichteten Pfanne ohne Fett goldbraun rösten und beiseitestellen.

04. Das Ghee oder Butterschmalz in einer großen Pfanne zerlassen und das Hähnchenfleisch darin unter Rühren 3 bis 4 Minuten von allen Seiten anbraten. Die zerdrückte Banane dazugeben und kurz mitbraten. Die Kokosmilch angießen und etwas einkochen lassen, danach mit Salz und Pfeffer abschmecken.

05. Das Öl in einer tiefen Pfanne erhitzen und die Pappadam darin portionsweise auf jeder Seite 5 bis 7 Sekunden backen. Herausheben und auf Küchenpapier sehr gut abtropfen lassen.

06. Das Hähnchenfleisch mit dem Reis und den Auberginen (nach Belieben in Kokosnusshälften) anrichten, mit der Sesam-Erdnuss-Mischung bestreuen und mit Bananenscheiben garnieren. Die Pappadams dazu servieren.

ZUTATEN
FÜR 4 PERSONEN

+ **500 g Hähnchenbrustfilet**
+ **Salz • Pfeffer aus der Mühle**
+ **2—3 grüne Kardamomkapseln**
+ **1 TL geriebener Ingwer**
+ **½ TL Garam Masala**
+ **1 Msp. Cayennepfeffer**
+ **1 Banane**
+ **1 TL Zitronensaft**
+ **200 g Basmatireis**
+ **4 weiße Thai-Auberginen**
+ **Fett für die Form**
+ **2 EL weiße Sesamsamen**
+ **2 EL gehackte Erdnusskerne**
+ **2 EL Ghee oder Butterschmalz**
+ **200 ml Kokosmilch**
+ **300 ml Öl**
+ **8—12 Pappadams**

SHERRYHÄHNCHEN
MIT PAPRIKA UND KNOBLAUCH

ZUBEREITUNG

01. Das Hähnchenfleisch waschen, trocken tupfen und in mundgerechte Stücke schneiden. Die Paprikaschoten längs halbieren, entkernen, waschen und in Stücke schneiden. Die Zwiebel und den Knoblauch schälen und in grobe Würfel schneiden.

02. In einer Pfanne 2 EL Öl erhitzen und die Hähnchenstücke darin von allen Seiten goldbraun braten. Aus der Pfanne nehmen und beiseitestellen.

03. Das restliche Öl erhitzen, die Zwiebel und den Knoblauch darin anbraten. Die Paprikastücke hinzufügen und unter Rühren 2 Minuten mitbraten. Die Brühe dazugießen und die Paprikastücke zugedeckt bei mittlerer Hitze etwa 10 Minuten schmoren. Sherry, Sojasauce und Currypaste unterrühren und einige Minuten köcheln lassen.

04. Die Hähnchenstücke in die Sauce geben und alles unter Rühren nochmals 2 Minuten köcheln lassen. Nach Belieben mit Korianderblättern garnieren und mit Basmatireis servieren.

ZUTATEN
FÜR 4 PERSONEN

+ **500 g Hähnchenbrustfilet**
+ **je 1 rote und grüne Paprikaschote**
+ **1 Zwiebel**
+ **3 Knoblauchzehen**
+ **3 EL Erdnussöl**
+ **150 ml Gemüsebrühe**
+ **2 EL trockener Sherry**
+ **2 EL helle Sojasauce**
+ **1½ EL gelbe Currypaste**

———

TIPP — *Sojasauce ist in vielen asiatischen Ländern eine Allround-Würze, die anstelle von Salz verwendet wird. Helle Sojasauce ist salziger, die dunkle ist würziger, süßer und dickflüssiger.*

HÄHNCHENCURRY
MIT CHILI UND CURRYBLÄTTERN

ZUBEREITUNG

01. Das Hähnchenfleisch waschen, trocken tupfen und in mundgerechte Stücke schneiden.

02. Die Zwiebeln schälen und in Spalten schneiden. Den Knoblauch schälen und fein hacken. Die Chilischoten putzen, waschen und in feine Ringe schneiden. Den Ingwer schälen und fein reiben.

03. Das Ghee oder Butterschmalz in einer Pfanne zerlassen, Zwiebeln, Knoblauch, Chili und Ingwer darin anbraten. Kurkuma, Kardamom, Koriander und Kreuzkümmel dazugeben und unter Rühren 2 bis 3 Minuten mitbraten.

04. Das Hähnchenfleisch dazugeben und von allen Seiten anbraten. Die Kokosmilch dazugießen, die Curryblätter hinzufügen und alles bei schwacher Hitze etwa 10 Minuten köcheln lassen, bis das Fleisch gar ist. Mit Salz abschmecken.

05. Das Hähnchencurry nach Belieben mit Frühlingszwiebelringen garnieren und mit Basmatireis servieren.

TIPP — *Beim Einkauf von Knoblauch sollte man frische Knollen bevorzugen — sie schmecken weniger streng. Im Plastikbeutel verschlossen, halten sich die Zehen im Kühlschrank mehrere Wochen frisch.*

ZUTATEN
FÜR 4 PERSONEN

+ **500 g Hähnchenbrustfilet**
+ **2 rote Zwiebeln**
+ **3 Knoblauchzehen**
+ **2 rote Chilischoten**
+ **20 g Ingwer**
+ **2 EL Ghee oder Butterschmalz**
+ **1 TL gemahlene Kurkuma**
+ **1 Msp. gemahlener Kardamom**
+ **je 1½ TL gemahlener Koriander und Kreuzkümmel**
+ **400 ml Kokosmilch**
+ **8—10 Curryblätter • Salz**

GRÜNES HÄHNCHENCURRY
MIT CHILI UND KORIANDER

ZUTATEN FÜR 4 PERSONEN

+ 1 Bund Frühlingszwiebeln
+ 3 grüne Chilischoten
+ 2 Knoblauchzehen
+ 1 Stängel Zitronengras
+ je ½ Bund Thai-Basilikum und Koriander
+ 2 TL Korianderkörner
+ 1 TL geriebener Ingwer
+ abgeriebene Schale und Saft von
  1 unbehandelten Limette
+ 5 EL Öl
+ Salz • Pfeffer aus der Mühle
+ 500 g Hähnchenbrustfilet
+ ¼ l Kokosmilch

ZUBEREITUNG

01. Frühlingszwiebeln putzen, waschen und klein schneiden. Die Chilischoten längs halbieren, entkernen, waschen und fein hacken. Den Knoblauch schälen und fein hacken. Das Zitronengras putzen, die äußeren Blätter und die obere, trockene Hälfte entfernen, das Helle ebenfalls fein hacken. Basilikum und Koriander waschen, trocken schütteln und die Blätter abzupfen.

02. Den Koriander im Mörser zerstoßen, nach und nach die vorbereiteten Zutaten dazugeben und mit Ingwer, Limettenschale und -saft sowie 3 EL Öl zu einer geschmeidigen Paste verarbeiten (oder die Currypaste im Küchenmixer pürieren). Die Paste mit Salz und Pfeffer würzen.

03. Das Hähnchenfleisch waschen, trocken tupfen und in Streifen schneiden. Mit der Hälfte der Currypaste vermischen und 30 Minuten ziehen lassen. Das restliche Öl erhitzen, das Hähnchenfleisch aus der Marinade nehmen und im Öl rundum anbraten. Die restliche Currypaste und die Kokosmilch unterrühren, aufkochen und etwa 10 Minuten köcheln lassen, bis das Fleisch gar ist. Das Curry nach Belieben mit Korianderblättern und roten Chilistreifen garnieren.

HÄHNCHENCURRY
MIT BASMATIREIS

ZUTATEN FÜR 4 PERSONEN

+ **150 g Basmatireis • Salz**
+ **500 g Hähnchenbrustfilet**
+ **1 Zucchino**
+ **3 EL Ghee oder Butterschmalz**
+ **½ TL gemahlener Kreuzkümmel**
+ **1 TL Currypulver**
+ **¼ TL Cayennepfeffer**
+ **Pfeffer aus der Mühle**
+ **2 TL Garam Masala**
+ **¼ TL gemahlener Koriander**
+ **je 200 ml Kokosmilch und Geflügelbrühe**
+ **2 EL Zitronensaft**
+ **1 rote Chilischote**

ZUBEREITUNG

01. Den Reis in einem Sieb unter fließendem kaltem Wasser waschen, bis das Wasser klar abläuft. In einem Topf 300 ml Wasser mit etwas Salz aufkochen, den Reis hinzufügen und bei schwacher Hitze etwa 20 Minuten quellen lassen.

02. Das Hähnchenfleisch waschen, trocken tupfen und in mundgerechte Stücke schneiden. Den Zucchino putzen, waschen und klein schneiden. Das Ghee oder Butterschmalz zerlassen, Kreuzkümmel, Curry, Cayennepfeffer, Pfeffer, Garam Masala und Koriander einrühren.

03. Die Fleisch- und Zucchinistücke dazugeben und bei mittlerer Hitze von allen Seiten anbraten. Kokosmilch, Brühe und Zitronensaft dazugießen, mit Salz würzen, aufkochen und bei mittlerer Hitze etwa 10 Minuten köcheln lassen. Das Hähnchencurry nochmals abschmecken.

04. Die Chilischote putzen, waschen und in feine Ringe schneiden. Das Hähnchencurry mit dem Basmatireis in Schälchen anrichten, mit den Chiliringen und nach Belieben mit Korianderblättern und Frühlingszwiebelgrün garnieren.

HÄHNCHEN-MASALA
MIT BOCKSHORNKLEE

ZUBEREITUNG

01. Ingwer und Knoblauch schälen und fein hacken. Minze und Koriander waschen und trocken schütteln, die Blätter von den Stielen zupfen und grob hacken. Ingwer, Knoblauch, Minze, Koriander, Bockshornklee, Essig, Öl, ½ TL Salz, Kurkuma, Nelken und Kardamom im Mörser oder im Küchenmixer zu einer feinen Paste verarbeiten.

02. Eine Auflaufform einfetten. Das Hähnchenfleisch waschen und trocken tupfen. Mit der Kräuter-Gewürz-Paste bestreichen, in mundgerechte Stücke schneiden und in die Form geben. Die Curryblätter waschen und trocken schütteln, von den Stielen zupfen und untermischen. Das Hähnchenfleisch zugedeckt über Nacht ziehen lassen.

03. Den Backofen auf 180 °C vorheizen. Das Hähnchenfleisch im Backofen auf der mittleren Schiene etwa 35 Minuten garen. Dann den Backofengrill einschalten und das Fleisch noch kurz unter dem Grill braten. Die Cashewkerne in einer beschichteten Pfanne ohne Fett goldbraun rösten. Das Hähnchen-Masala in Schälchen oder auf Tellern anrichten und mit den Cashewkernen bestreuen. Dazu passt Basmatireis oder Chapati (siehe Innenklappe hinten).

TIPP — Die grünen Blätter des Currybaums bekommt man frisch oder getrocknet im Asienladen. Sie sollten die frischen Blätter bevorzugen — sie sind wesentlich würziger.

ZUTATEN FÜR 4 PERSONEN

+ **15 g Ingwer**
+ **2 Knoblauchzehen**
+ **je ½ Bund Minze und Koriander**
+ **4 TL Bockshornkleesamen**
+ **4 EL Essig**
+ **2 EL Öl • Salz**
+ **2 TL gemahlene Kurkuma**
+ **1 TL Nelkenpulver**
+ **1 TL gemahlener Kardamom**
+ **Fett für die Form**
+ **4 Hähnchenbrustfilets (à ca. 150 g)**
+ **6 Stiele Curryblätter**
+ **4 EL Cashewkerne**

SCHWEINEFLEISCHCURRY
MIT GELBEM GEMÜSE

ZUBEREITUNG

01. Das Schweinefleisch in Streifen schneiden und in eine Schüssel geben. Die Zwiebel und den Knoblauch schälen, beides in feine Würfel schneiden und zum Fleisch geben. Die Korianderkörner im Mörser grob zerstoßen und mit der Kurkuma unter das Fleisch mischen.

02. Die Hälfte des Öls in einer Pfanne erhitzen und das Fleisch darin anbraten. Die Kokosmilch angießen und bei schwacher Hitze etwa 15 Minuten köcheln lassen.

03. Inzwischen die Bohnen putzen, waschen und halbieren oder dritteln. Den Zucchino putzen, waschen und in Scheiben schneiden. Die Paprikaschoten halbieren, entkernen, waschen und in mundgerechte Stücke schneiden.

04. Das restliche Öl in einem Topf erhitzen und das Gemüse darin unter Rühren kurz andünsten. Mit Salz würzen und etwa 50 ml Wasser angießen. Zugedeckt bei schwacher Hitze etwa 6 Minuten bissfest dünsten.

05. Das Gemüse kurz offen garen, bis die Flüssigkeit vollständig verdampft ist. Das Gemüse unter das Curry mischen und mit Salz und Chilipulver abschmecken. Das Curry auf Schüsseln verteilen und mit dem Schnittlauch garniert servieren.

ZUTATEN FÜR 4 PERSONEN

+ **500 g Schweineschnitzel**
+ **1 Zwiebel**
+ **1 Knoblauchzehe**
+ **1 TL Korianderkörner**
+ **1 EL gemahlene Kurkuma**
+ **3 EL Öl**
+ **400 ml Kokosmilch**
+ **400 g gelbe Bohnen**
+ **1 gelber Zucchino**
+ **2 gelbe Paprikaschoten**
+ **Salz • Chilipulver**
+ **2 EL Schnittlauchröllchen**

TIPP — *Statt Schweineschnitzel können Sie für das Curry auch Kalb-, Hähnchen- oder Putenfleisch verwenden. Und natürlich schmecken statt Bohnen und Zucchino in Gelb auch die grünen Sorten.*

SCHWEINEFLEISCHCURRY
MIT KARTOFFELN UND NÜSSEN

ZUTATEN FÜR 4 PERSONEN

+ 500 g Schweinefleisch
  (Schnitzelfleisch)
+ 5 EL Fischsauce
+ 100 g Erdnusskerne
+ 2 EL Öl
+ 400 ml Kokosmilch
+ 50 g Tamarindenmark
+ 2 Zwiebeln
+ 500 g festkochende Kartoffeln
+ 2 EL gelbe Currypaste
+ Salz • Zucker

ZUBEREITUNG

01. Das Fleisch waschen, trocken tupfen und in Würfel schneiden. In einer Schüssel mit der Fischsauce mischen und 10 Minuten ziehen lassen.

02. Die Hälfte der Erdnüsse fein mahlen, die andere Hälfte hacken. Das Öl in einer Pfanne erhitzen und das Fleisch darin portionsweise anbraten. Den oberen, cremigen Teil der Kokosmilch abnehmen und in einen großen Topf geben, die restliche Kokosmilch zum Fleisch in die Pfanne gießen. Die Erdnüsse hinzufügen und alles zugedeckt etwa 20 Minuten köcheln lassen.

03. Das Tamarindenmark in heißem Wasser einweichen. Die Zwiebeln schälen und in feine Würfel schneiden. Die Kartoffeln schälen und in etwa 2 cm große Würfel schneiden.

04. Die abgenommene Kokoscreme aufkochen und die Currypaste unterrühren. Die Zwiebeln hinzufügen und kurz mitkochen. Das Fleisch mit der Sauce aus der Pfanne in den Topf umfüllen und die Kartoffelwürfel dazugeben. Die eingeweichte Tamarinde durch ein Sieb streichen, die aufgefangene Flüssigkeit zum Curry geben und alles 15 Minuten gar köcheln lassen. Mit Salz und Zucker würzen.

RINDFLEISCHCURRY
MIT BAMBUSSPROSSEN

ZUTATEN FÜR 4 PERSONEN

+ 500 g Rinderfilet
+ 5 EL Fischsauce
+ 200 g Bambussprossen (aus der Dose)
+ je 1 rote und grüne Paprikaschote
+ 400 ml Kokosmilch
+ 1 EL grüne Currypaste
+ Salz • Zucker

ZUBEREITUNG

01. Das Fleisch waschen, trocken tupfen und in Streifen schneiden. In einer Schüssel mit der Fischsauce mischen und etwa 10 Minuten ziehen lassen.

02. Die Bambussprossen in ein Sieb geben, mit kaltem Wasser abbrausen, abtropfen lassen und in Streifen schneiden. Die Paprikaschoten längs halbieren, entkernen, waschen und in dünne Streifen schneiden.

03. Den oberen, cremigen Teil der Kokosmilch abnehmen, in einen Topf geben und aufkochen. Die Currypaste unterrühren, das Fleisch hinzufügen und kurz mitköcheln lassen. Die restliche Kokosmilch dazugießen und alles etwa 10 Minuten garen.

04. Paprika ins Curry geben und 3 Minuten mitköcheln lassen. Die Bambussprossen hinzufügen und weitere 3 Minuten köcheln. Das Curry mit Salz und Zucker abschmecken und nach Belieben mit Thai-Basilikum garniert servieren.

RINDFLEISCHCURRY
MIT THAI-AUBERGINEN

ZUBEREITUNG

01. Das Fleisch waschen, trocken tupfen und in Streifen schneiden. Die Limettenblätter waschen und trocken tupfen. Die Auberginen putzen, waschen und längs halbieren.

02. Das Öl in einem Topf erhitzen und die Currypaste darin 1 bis 2 Minuten anrösten, bis sie zu duften beginnt. Die Hälfte der Kokosmilch dazugießen und 5 Minuten kochen lassen, dabei ab und zu umrühren, bis die Oberfläche ölig schimmert.

03. Das Fleisch, die Limettenblätter, die Fischsauce, den Palmzucker und die Auberginen dazugeben und 3 Minuten köcheln lassen. Die restliche Kokosmilch dazugießen und alles weiterkochen, bis Fleisch und Auberginen gar sind.

04. Das Rindfleischcurry mit Salz abschmecken und mit Basmatireis servieren.

TIPP — *Fischsauce wird aus fermentierten kleinen Fischen oder Garnelen hergestellt. Vor der Verwendung sollte man die Sauce unbedingt probieren, da die verschiedenen Sorten unterschiedlich salzig schmecken.*

ZUTATEN
FÜR 4 PERSONEN

+ **450 g Rinderfilet**
+ **4 Kaffir-Limettenblätter**
+ **150 g Thai-Auberginen**
+ **1 EL Öl**
+ **3 EL grüne Currypaste**
+ **400 ml Kokosmilch**
+ **1–2 EL Fischsauce**
+ **1 TL Palmzucker**
+ **Salz**

RINDFLEISCHCURRY
MIT THAI-BASILIKUM

ZUBEREITUNG

01. Das Fleisch waschen, trocken tupfen und in sehr dünne Scheiben schneiden. Die Chilischote längs halbieren, entkernen, waschen und fein hacken.

02. Die Bambussprossen in ein Sieb geben, mit kaltem Wasser abbrausen, abtropfen lassen und längs in feine Stifte schneiden. Das Basilikum waschen und trocken schütteln, die Blätter von den Stielen zupfen.

03. Die Kokosmilch in einer Pfanne erhitzen, Currypaste und Kurkuma unterrühren. Das Fleisch, die Chilischote, die Bambussprossen, zwei Drittel der Basilikumblätter und den Palmzucker hinzufügen. Alles bei mittlerer Hitze etwa 10 Minuten köcheln lassen, bis das Fleisch gar ist.

04. Das Rindfleischcurry mit Fischsauce, Salz und Pfeffer würzen und mit den restlichen Basilikumblättern bestreuen. Mit Basmatireis servieren.

TIPP — *Palmzucker wird im Asienladen meist zu Blöcken gepresst, aber auch als Paste oder kristallisiert im Glas angeboten. Ersatzweise kann man braunen Zucker oder Ahornsirup verwenden*

ZUTATEN
FÜR 4 PERSONEN

+ **500 g Rinderfilet**
+ **1 grüne Chilischote**
+ **100 g Bambussprossen (aus der Dose)**
+ **1 Bund Thai-Basilikum**
+ **400 ml Kokosmilch**
+ **2 TL gelbe Currypaste**
+ **2 TL gemahlene Kurkuma**
+ **4 EL Palmzucker**
+ **4 EL Fischsauce**
+ **Salz • Pfeffer aus der Mühle**

LAMMCURRY
MIT GEMÜSE

ZUBEREITUNG

01. Die Tomaten kreuzweise einritzen, überbrühen, häuten, halbieren, entkernen und in grobe Würfel schneiden. Die Frühlingszwiebeln putzen, waschen und in feine Ringe schneiden. Die Paprikaschote längs halbieren, entkernen, waschen und in Würfel schneiden. Die Chilischoten längs halbieren, entkernen, waschen und grob hacken.

02. Die Zwiebel und den Knoblauch schälen und in feine Würfel schneiden. Die Okraschoten waschen und abtrocknen, jede Schote mit einem feuchten Tuch abwischen und quer in etwa 2 cm große Stücke schneiden. Die Bohnen putzen, waschen und in 4 cm lange Stücke schneiden. Die Aubergine putzen, waschen und in Scheiben schneiden. Das Fleisch waschen, trocken tupfen und in etwa 3 cm große Würfel schneiden.

03. Das Öl in einer Pfanne erhitzen und das Fleisch darin portionsweise von allen Seiten anbraten. Das gesamte Fleisch in die Pfanne geben, Zwiebel und Knoblauch hinzufügen und kurz mitbraten. Tomaten, Frühlingszwiebeln, Paprika, Chili, Bohnen und Aubergine hinzufügen, die Currypaste unterrühren. Mit Koriander, Paprika, Salz und Pfeffer würzen und die Brühe dazugießen. Das Lammcurry zugedeckt etwa 15 Minuten köcheln lassen.

04. Die Okraschoten und die Sahne unterrühren und das Curry weitere 6 bis 8 Minuten offen köcheln lassen. Mit Salz, Pfeffer und Limettensaft abschmecken. Dazu passt sehr gut Basmatireis.

ZUTATEN
FÜR 4 PERSONEN

+ **250 g Tomaten**
+ **½ Bund Frühlingszwiebeln**
+ **1 rote Paprikaschote**
+ **2 rote Chilischoten**
+ **1 Zwiebel**
+ **1 Knoblauchzehe**
+ **200 g Okraschoten**
+ **200 g grüne Bohnen**
+ **1 Thai-Aubergine**
+ **400 g Lammfleisch (aus der Keule)**
+ **2 EL Sesamöl**
+ **1 EL rote Currypaste**
+ **1 TL gemahlener Koriander**
+ **1 TL Paprikapulver**
+ **Salz • Pfeffer aus der Mühle**
+ **200 ml Gemüsebrühe**
+ **100 g Sahne**
+ **1—2 EL Limettensaft**

TIPP — Okraschoten sondern beim Kochen eine milchige Flüssigkeit ab, die das Curry sämig bindet. Wer das nicht mag, kann die Schoten 5 Minuten in Essigwasser blanchieren und dann nur kurz mit erhitzen.

LAMMCURRY
MIT SULTANINEN

ZUBEREITUNG

01. Den Koriander waschen und trocken schütteln, die Blätter von den Stielen zupfen und fein hacken. Den Joghurt mit Salz, Kreuzkümmel, Koriander, 1 kräftigen Prise Cayennepfeffer, Pfeffer und dem gehackten Koriandergrün verrühren.

02. Das Fleisch waschen, trocken tupfen und in mundgerechte Stücke schneiden. Die Kardamomkapseln im Mörser anstoßen. Das Öl in einer großen Pfanne erhitzen, den Kardamom, die Zimtstange und das Lorbeerblatt darin anrösten. Die Fleischstücke portionsweise hinzufügen und bei mittlerer Hitze von allen Seiten anbraten. Das Fleisch aus der Pfanne nehmen und beiseitestellen.

03. Die Zwiebel schälen, in feine Würfel schneiden und im verbliebenen Bratfett glasig dünsten. Das Fleisch mit den Gewürzen wieder in die Pfanne geben. Den Würzjoghurt und die Sultaninen hinzufügen und alles zugedeckt bei schwacher Hitze etwa 1 Stunde schmoren, bis das Fleisch schön zart ist.

04. Die Sauce mit Salz abschmecken und bei starker Hitze offen einkochen lassen, bis sie sämig am Fleisch kleben bleibt. Zuletzt die saure Sahne unterrühren. Das Lammcurry mit 1 kräftigen Prise Kardamom würzen und nach Belieben mit Korianderblättern garnieren.

ZUTATEN
FÜR 4−6 PERSONEN

+ **½ Bund Koriander**
+ **250 g Sahnejoghurt**
+ **1 TL Salz**
+ **2 TL gemahlener Kreuzkümmel**
+ **1 TL gemahlener Koriander**
+ **Cayennepfeffer**
+ **Pfeffer aus der Mühle**
+ **800 g Lammfleisch (aus der Lende oder Keule)**
+ **6 grüne Kardamomkapseln**
+ **5 EL Öl**
+ **1 Zimtstange**
+ **1 Lorbeerblatt**
+ **1 Zwiebel**
+ **4 EL Sultaninen**
+ **2 EL saure Sahne**
+ **gemahlener Kardamom**

TIPP — *Sultaninen sind die getrockneten, kernlosen Beeren der Sultana-Traube, die vor allem in der Türkei angebaut wird. Sie werden nicht nur für Süßspeisen, sondern auch zum Würzen pikanter Gerichte verwendet.*

LAMM-KORMA
MIT CASHEWKERNEN

ZUTATEN FÜR 4–6 PERSONEN

+ 800 g Lammfleisch (aus der Keule)
+ 4 Zwiebeln • 6 Knoblauchzehen
+ 2 TL Kreuzkümmelsamen
+ 2 getrocknete Chilischoten
+ je 1 TL schwarze Pfefferkörner und grüne Kardamomkapseln
+ 1 Zimtstange • 1 TL Senfkörner
+ 1 TL Bockshornkleesamen
+ 4 EL Essig • 2 TL Palmzucker
+ Salz • 10 g geriebener Ingwer
+ 4 EL Öl
+ 1 TL gemahlener Koriander
+ 1 TL gemahlene Kurkuma
+ 4–6 EL geröstete Cashewkerne

ZUBEREITUNG

01. Das Fleisch waschen, trocken tupfen und in mundgerechte Stücke schneiden. Die Zwiebeln schälen und in feine Würfel schneiden. Den Knoblauch schälen. Die ganzen Gewürze ohne Fett anrösten und im Mörser fein mahlen. Das Gewürzpulver in einer Schüssel mit Essig, Palmzucker und Salz mischen. Knoblauch und Ingwer mit etwas Wasser pürieren und beiseitestellen.

02. In einem Topf 2 EL Öl erhitzen und die Zwiebeln darin unter Rühren goldbraun braten. Die Zwiebeln im Küchenmixer mit 4 EL Wasser fein pürieren und mit der Gewürzmischung zu einer Paste verrühren.

03. Das restliche Öl erhitzen, das Fleisch darin portionsweise von allen Seiten anbraten und beiseitestellen. Die Ingwer-Knoblauch-Paste im verbliebenen Bratfett kurz andünsten. Koriander und Kurkuma dazugeben und unter ständigem Rühren mitdünsten. Das Fleisch, die Gewürzpaste und 300 ml Wasser untermischen und alles zugedeckt bei schwacher Hitze etwa 45 Minuten köcheln lassen. Das Korma mit Salz abschmecken und mit den Cashewnüssen garnieren. Sehr gut passt dazu Basmatireis.

LAMMCURRY
MIT KARDAMOM

ZUTATEN FÜR 4–6 PERSONEN

+ 6 Knoblauchzehen
+ 1 TL geriebener Ingwer
+ 3 Zwiebeln
+ 800 g Lammfleisch (aus der Keule)
+ 8 grüne Kardamomkapseln
+ 6 EL Erdnussöl
+ 1 Stück Zimtstange (3 cm)
+ 2 Lorbeerblätter
+ 2 TL Kreuzkümmelsamen
+ 2 TL gemahlener Koriander
+ ½ TL Cayennepfeffer
+ 1 EL Paprikapulver
+ 2 EL Tomatenmark • Salz

ZUBEREITUNG

01. Den Knoblauch schälen, fein hacken und mit dem Ingwer mischen. Die Zwiebeln schälen und in feine Würfel schneiden. Das Fleisch waschen, trocken tupfen und in mundgerechte Stücke schneiden. Die Kardamomkapseln im Mörser anstoßen.

02. Das Öl in einem Topf erhitzen, den Kardamom, die Zimtstange und die Lorbeerblätter darin anrösten. Das Fleisch portionsweise hinzufügen, bei starker Hitze von allen Seiten anbraten und beiseitestellen.

03. Die Zwiebeln im verbliebenen Bratfett anbraten, die Knoblauch-Ingwer-Mischung dazugeben und kurz mitbraten. Kreuzkümmel, Koriander, Cayennepfeffer und Paprika unterrühren, das Tomatenmark hinzufügen und kurz mitbraten.

04. Das Fleisch zurück in den Topf geben und mit Salz würzen. 300 ml Wasser angießen und das Lammcurry bei schwacher Hitze etwa 1 Stunde köcheln lassen, bis das Fleisch zart ist. Mit Basmatireis servieren.

HACKFLEISCHCURRY
MIT ERBSEN

ZUBEREITUNG

01. Die Erbsen auftauen lassen. Die Zwiebel und den Knoblauch schälen und in feine Würfel schneiden. Das Öl in einer Pfanne erhitzen, die Zwiebel und den Knoblauch darin andünsten. Das Currypulver, den Koriander und den Kreuzkümmel hinzufügen und kurz mitdünsten.

02. Das Hackfleisch dazugeben und unter Rühren krümelig braten. Dann die Tomaten hinzufügen, mit Salz und Pfeffer würzen und bei schwacher Hitze etwa 15 Minuten köcheln lassen, dabei gelegentlich umrühren.

03. Anschließend die Erbsen dazugeben und etwa 10 Minuten weitergaren, dabei bei Bedarf noch etwas Wasser angießen. Das Curry abschmecken, auf Schüsseln verteilen und servieren. Basmatireis dazu reichen.

TIPP — *Für ein paar leuchtende Farbtupfer: Geben Sie zusätzlich noch 100 g Maiskörner (aus der Dose oder tiefgekühlt) zusammen mit den Erbsen an das Curry.*

ZUTATEN
FÜR 4 PERSONEN

+ **400 g Erbsen (tiefgekühlt)**
+ **1 Zwiebel**
+ **2 Knoblauchzehen**
+ **2 EL Öl**
+ **1 TL Currypulver**
+ **½ TL gemahlener Koriander**
+ **½ TL gemahlener Kreuzkümmel**
+ **600 g Rinderhackfleisch**
+ **400 g stückige Tomaten (aus der Dose)**
+ **Salz • Pfeffer aus der Mühle**

BEILAGEN, CHUTNEYS & CO.

BLUMENKOHLSALAT
MIT KICHERERBSEN

ZUBEREITUNG

01. Den Blumenkohl putzen, waschen und in Röschen teilen. Die Zitrone heiß waschen, trocken reiben und in Stücke schneiden. Reichlich Salzwasser mit den Zitronenstücken zum Kochen bringen und die Blumenkohlröschen darin etwa 8 Minuten garen. In ein Sieb abgießen, kalt abschrecken und abtropfen lassen.

02. Die Frühlingszwiebeln putzen, waschen und in feine Ringe schneiden. Den Knoblauch schälen und in feine Würfel schneiden. Mit dem Limettensaft und der -schale, dem Ingwer und dem Öl zu einer Vinaigrette verrühren. Mit Salz und Cayennepfeffer kräftig würzen und die Frühlingszwiebelringe unterrühren.

03. Die Kichererbsen in ein Sieb abgießen und abtropfen lassen. Den Koriander waschen und trocken schütteln, die Blätter von den Stielen zupfen und grob hacken.

04. Den Blumenkohl, die Kichererbsen und die Hälfte des Korianders mit der Vinaigrette vermischen und den Salat 15 Minuten durchziehen lassen. Den Blumenkohlsalat mit den restlichen Korianderblättern und nach Belieben mit Garam Masala bestreut servieren.

ZUTATEN
FÜR 4 PERSONEN

+ 1 Blumenkohl (ca. 900 g)
+ 1 unbehandelte Zitrone
+ Salz
+ 4 Frühlingszwiebeln
+ 2 Knoblauchzehen
+ 8 EL Limettensaft
+ 2 TL abgeriebene unbehandelte Limettenschale
+ 2 TL geriebener Ingwer
+ 6 EL Olivenöl
+ Cayennepfeffer
+ 300 g Kichererbsen (aus der Dose)
+ 1 Bund Koriander

———

TIPP — Anstelle von Blumenkohl passt auch Brokkoli in diesen Salat. Dann sollte man statt Cayennepfeffer 1 in feine Streifen geschnittene rote Chilischote unter die Vinaigrette mischen.

TOMATENSALAT
MIT ROTEN ZWIEBELN

ZUTATEN FÜR 4 PERSONEN

+ **2 rote Zwiebeln**
+ **600 g reife Tomaten**
+ **½ Bund Koriander**
+ **4 EL Öl**
+ **2 EL Limettensaft**
+ **Salz • Pfeffer aus der Mühle**

ZUBEREITUNG

01. Die Zwiebeln schälen und in feine Ringe oder Spalten schneiden. Die Tomaten waschen und nach Belieben in Scheiben oder Stücke schneiden, dabei die Stielansätze entfernen. Den Koriander waschen und trocken schütteln, die Blätter von den Stielen zupfen und grob hacken.

02. Das Öl mit dem Limettensaft, Salz und Pfeffer verrühren. Zwiebeln, Tomaten und Koriander in einer Schüssel mischen. Die Limetten-Vinaigrette darüberträufeln und gut untermischen. Wer mag, kann noch ein Stück in Würfel geschnittene Salatgurke hinzufügen und den Salat statt mit Koriandergrün mit etwas Chilipulver und geröstetem Kreuzkümmel würzen.

GURKEN-RAITA
MIT INGWER UND MINZE

ZUTATEN FÜR 4 PERSONEN

+ 1 Salatgurke
+ 3 Frühlingszwiebeln
+ 15 g Ingwer
+ 3 Stiele Minze
+ 375 g Naturjoghurt
+ 3 EL Limettensaft
+ Salz • Pfeffer aus der Mühle

ZUBEREITUNG

01. Die Gurke gründlich waschen und längs halbieren, die Kerne mit einem Teelöffel entfernen. Die Gurkenhälften auf der Gemüsereibe fein raspeln.

02. Die Frühlingszwiebeln putzen, waschen und in feine Ringe schneiden. Den Ingwer schälen und fein reiben. Die Minze waschen und trocken schütteln, die Blätter von den Stielen zupfen und fein hacken.

03. Den Joghurt mit dem Limettensaft, den Gurkenraspeln, den Frühlingszwiebeln, dem Ingwer und der Minze verrühren. Die Raita mit Salz und Pfeffer kräftig würzen und im Kühlschrank mindestens 1 Stunde durchziehen lassen.

04. Zum Servieren die Raita in Schälchen anrichten, nach Belieben mit Gurkenscheiben garnieren und mit Pappadam oder Chapati (siehe Innenklappe hinten) servieren.

GEWÜRZREIS
MIT ROSINEN UND MANDELN

ZUBEREITUNG

01. Die Rosinen in lauwarmem Wasser einweichen. Den Reis in einem Sieb unter fließendem kaltem Wasser waschen, bis das Wasser klar abläuft. Danach gut abtropfen lassen.

02. In einem Topf ½ l Wasser mit Salz, Pfeffer, Kardamom, Nelken, Safran und Zimt aufkochen lassen. Den Reis dazugeben und bei schwacher Hitze zugedeckt etwa 10 Minuten köcheln lassen. Dann den Reis weitere 10 Minuten bei ausgeschalteter Herdplatte quellen lassen.

03. Die unbehandelte Limette heiß waschen, trocken reiben und in feine Scheiben schneiden. Die zweite Limette auspressen. Die Mandeln in einer beschichteten Pfanne ohne Fett goldbraun rösten. Die Rosinen in ein Sieb abgießen und abtropfen lassen. Mit Mandeln und Limettensaft unter den Gewürzreis mischen. Den Reis mit den Limettenscheiben und nach Belieben mit Zimtstangen anrichten.

——————

TIPP — *Zimtstangen sind die aromatischen Innenrinden der Triebe des Zimtbaums. Zimtpulver wird aus gebrochenen Zimtstangen oder den Resten, die beim Schneiden der Stangen anfallen, gewonnen.*

ZUTATEN
FÜR 4 PERSONEN

+ **40 g Rosinen**
+ **240 g Basmatireis**
+ **Salz • Pfeffer aus der Mühle**
+ **2 grüne Kardamomkapseln**
+ **2 Gewürznelken**
+ **je 2 Msp. Safran- und Zimtpulver**
+ **2 Limetten (davon 1 unbehandelt)**
+ **40 g Mandelblättchen**

FRITTIERTER BLUMENKOHL
MIT CHILI-DIP

ZUBEREITUNG

01. Den Blumenkohl putzen, waschen und in Röschen teilen. Reichlich Salzwasser zum Kochen bringen und die Blumenkohlröschen darin etwa 8 Minuten garen. In ein Sieb abgießen, kalt abschrecken und abtropfen lassen.

02. Für den Dip die Zwiebel und den Knoblauch schälen und in feine Würfel schneiden. Die Chilischoten abtropfen lassen, putzen und grob zerkleinern. Zwiebel, Knoblauch und Chilistücke mit dem Limettensaft, dem Zucker und dem Ketchup im Küchenmixer fein pürieren. Den Dip mit Salz abschmecken.

03. Für den Ausbackteig die Eier trennen. Die Eigelbe mit Mehl, Wein, Sesamöl, Petersilie, 1 TL Salz und dem Zucker verquirlen. Die Eiweiße sehr steif schlagen und unterheben.

04. Das Öl in einem großen Topf oder in der Fritteuse auf 180 °C erhitzen. Die Blumenkohlröschen in der Stärke wenden, durch den Teig ziehen und im heißen Öl portionsweise hellbraun frittieren. Auf Küchenpapier abtropfen lassen und mit dem Chili-Dip servieren.

TIPP — Frittiertes Gemüse, Pakora genannt, hat in Indien und Pakistan eine große Tradition. Dort wird meist das erdignussige Kichererbsenmehl für den Ausbackteig verwendet.

ZUTATEN
FÜR 4 PERSONEN

+ 1 Blumenkohl (ca. 800 g)
+ Salz
+ 1 große Zwiebel
+ 3 Knoblauchzehen
+ 5 eingelegte milde Chilischoten (aus dem Glas)
+ 1 EL Limettensaft
+ 1 EL Zucker
+ 2 EL Tomatenketchup
+ 2 Eier
+ 150 g Mehl
+ 150 ml Weißwein
+ 2 EL Sesamöl
+ 2 EL gehackte Petersilie
+ 2 TL Zucker
+ ½ l Öl zum Frittieren
+ 3 EL Speisestärke

KARTOFFELN
MIT SESAM UND CHILI

ZUTATEN FÜR 4 PERSONEN

+ **450 g festkochende Kartoffeln**
+ **3 EL Öl**
+ **1 TL gemahlener Kreuzkümmel**
+ **Salz • Pfeffer aus der Mühle**
+ **2 getrocknete Chilischoten**
+ **je 2 TL weiße und schwarze Sesamsamen**

ZUBEREITUNG

01. Die Kartoffeln waschen und in wenig Wasser zugedeckt garen. In ein Sieb abgießen und kurz abkühlen lassen. Die Kartoffeln pellen und in kleine Würfel schneiden.

02. Das Öl in einer Pfanne erhitzen. Die Kartoffeln mit dem Kreuzkümmel in die Pfanne geben, mit Salz und Pfeffer würzen und die Chilischoten darüberbröseln. Die Kartoffelwürfel bei mittlerer Hitze unter gelegentlichem Rühren etwa 10 Minuten goldbraun braten.

03. Dann den Sesam dazugeben, unterrühren und etwa 1 Minute mitbraten. Die Kartoffeln mit Salz abschmecken und nach Belieben mit Chilischoten garniert servieren.

AUBERGINEN
IN ERDNUSS-SAUCE

ZUTATEN FÜR 4 PERSONEN

+ **600 g Thai-Auberginen oder 1 große Aubergine**
+ **5 EL Öl**
+ **1 EL Tamarindenmark**
+ **175 g Erdnusskerne**
+ **1 EL weiße Sesamsamen**
+ **2 EL Kokosflocken**
+ **4 kleine grüne Pfefferschoten**
+ **1 TL gemahlene Kurkuma**
+ **4 Lorbeerblätter**
+ **Salz**

ZUBEREITUNG

01. Die Auberginen putzen und waschen, die große Aubergine in mundgerechte Stücke schneiden. In einer Pfanne 4 EL Öl erhitzen, die Auberginen darin rundum anbraten und dann bei mittlerer Hitze weich garen.

02. Das Tamarindenmark in heißem Wasser einweichen. Die Erdnüsse grob hacken und mit dem Sesam in einer zweiten Pfanne ohne Fett anrösten. Die eingeweichte Tamarinde durch ein Sieb streichen, die aufgefangene Flüssigkeit mit den Kokosflocken in die Pfanne geben, unterrühren und so viel Wasser dazu-gießen, dass eine dickliche Sauce entsteht. Die Pfefferschoten waschen, mit Kurkuma, Lorbeerblättern und dem restlichen Öl zur Sauce geben und alles bei schwacher Hitze etwa 10 Minuten köcheln lassen.

03. Die Erdnuss-Sauce mit Salz abschmecken und mit den Auberginen mischen.

AUBERGINENGEMÜSE
UND KARTOFFELN MIT SPINAT

ZUBEREITUNG

01. Für das Auberginengemüse die Aubergine putzen, waschen und in kleine Würfel schneiden. Die Tomaten waschen, halbieren, entkernen und ebenfalls in kleine Würfel schneiden. Die Chilischoten putzen, waschen und in Ringe schneiden (wer es weniger scharf mag, entkernt die Schoten). Den Knoblauch schälen und grob hacken.

02. Das Öl in einer Pfanne erhitzen. Den Knoblauch in die Pfanne geben, mit dem Curry bestäuben und unter Rühren anbraten. Die Auberginenwürfel und Chiliringe dazugeben und etwa 3 Minuten mitbraten. Die Tomatenwürfel und die Curryblätter hinzufügen und alles bei schwacher Hitze etwa 30 Minuten köcheln lassen.

03. Das Auberginengemüse mit Salz und Pfeffer abschmecken und nach Belieben mit Korianderblättern garnieren. Das Gemüse warm oder kalt servieren.

04. Für die Kartoffeln die Kartoffeln schälen und in Scheiben oder Stücke schneiden. Den Spinat verlesen, grobe Stiele entfernen, die Spinatblätter waschen und abtropfen lassen. Die Chilischoten längs halbieren, entkernen, waschen und in feine Streifen schneiden.

05. Das Öl in einer Pfanne erhitzen, Chilistreifen, Senfkörner, Kurkuma und Curry darin kurz anbraten. Die Kartoffeln mit 150 ml Wasser dazugeben und offen weich garen. Zuletzt den Spinat hinzufügen und etwa 3 Minuten mitgaren. Die Kartoffeln mit Salz und Pfeffer würzen, nach Belieben mit Chilischoten garnieren und warm servieren.

ZUTATEN FÜR JEWEILS 2 PERSONEN

FÜR DAS AUBERGINENGEMÜSE:

+ 1 Aubergine
+ 200 g Tomaten
+ je 1 rote und grüne Chilischote
+ 2 Knoblauchzehen
+ 2 EL Öl
+ 1 TL Currypulver
+ 2 Curryblätter
+ Salz • Pfeffer aus der Mühle

FÜR DIE KARTOFFELN:

+ 350 g festkochende Kartoffeln
+ 75 g Blattspinat
+ 2 grüne Chilischoten
+ 2 EL Öl
+ ½ TL schwarze Senfkörner
+ ½ TL gemahlene Kurkuma
+ ½ TL Currypulver
+ Salz • Pfeffer aus der Mühle

MÖHRENSALAT
MIT HAFERKÜCHLEIN

ZUTATEN FÜR 2 PERSONEN

+ Salz
+ 100 g Nackthafer (aus dem Reformhaus)
+ 3 EL Kichererbsenmehl
+ ½ TL Mangopulver
+ 1 TL Currypulver
+ 3 EL Grieß
+ 4 EL Ghee oder Butterschmalz
+ 5 große Möhren
+ ½ Bund Koriander
+ 2 EL Öl
+ Pfeffer aus der Mühle

ZUBEREITUNG

01. In einem Topf etwa ½ l Wasser mit Salz aufkochen. Den Hafer dazugeben und bei mittlerer Hitze kochen, bis er gar und weich ist. Dann Kichererbsenmehl, Mangopulver und Curry untermischen. Aus dem Haferteig mit angefeuchteten Händen kleine Küchlein formen und im Grieß wenden.

02. Das Ghee oder Butterschmalz in einer Pfanne zerlassen und die Haferküchlein darin rundum goldbraun braten. Die Küchlein aus der Pfanne nehmen und auf Küchenpapier abtropfen lassen.

03. Die Möhren putzen, schälen und in feine Stifte schneiden oder auf der Gemüsereibe grob raspeln. Den Koriander waschen und trocken schütteln, die Blätter von den Stielen zupfen und fein hacken. Die Möhren mit dem Koriander und dem Öl mischen, mit Salz und Pfeffer würzen. Den Möhrensalat mit den Haferküchlein servieren.

KICHERERBSEN
MIT TOMATEN

ZUTATEN FÜR 4 PERSONEN

+ **250 g getrocknete Kichererbsen**
+ **Salz**
+ **1 Zwiebel**
+ **2 Knoblauchzehen**
+ **2 große Tomaten**
+ **2 EL Öl**
+ **1 TL gemahlener Kreuzkümmel**
+ **1 TL Currypulver**
+ **½ TL Cayennepfeffer**
+ **½ Bund Koriander**

ZUBEREITUNG

01. Die Kichererbsen über Nacht in Wasser einweichen. Dann in reichlich Salzwasser etwa 1 Stunde garen, in ein Sieb abgießen und abtropfen lassen.

02. Die Zwiebel und den Knoblauch schälen und in feine Würfel schneiden. Die Tomaten kreuzweise einritzen, überbrühen, häuten, halbieren, entkernen und in grobe Würfel schneiden.

03. Das Öl in einer Pfanne erhitzen, Zwiebel und Knoblauch darin unter Rühren anbraten. Die Gewürze dazugeben und kurz mitbraten. Dann die Tomaten und die Kichererbsen hinzufügen und alles unter gelegentlichem Rühren 10 bis 15 Minuten dünsten.

04. Den Koriander waschen und trocken schütteln, die Blätter von den Stielen zupfen und grob hacken. Den Koriander vor dem Servieren unter die Kichererbsen rühren.

JOGHURT-KRÄUTER-SAUCE
MIT CHILI

ZUBEREITUNG

01. Die Minze und den Koriander waschen, trocken schütteln und die Blätter abzupfen. Den Knoblauch schälen und in grobe Stücke schneiden. Die Chilischoten längs halbieren, entkernen, waschen und ebenfalls in Stücke schneiden.

02. Die Kräuter mit dem Knoblauch, den Chilischoten und 100 g Joghurt in einen hohen Rührbecher füllen und mit dem Stabmixer fein pürieren.

03. Den restlichen Joghurt unterrühren und die Joghurt-Kräuter-Sauce mit Zitronensaft und Salz abschmecken. Nach Belieben mit frisch gebackenen Pappadams – hauchdünnen, frittierten Fladen aus Linsenmehl – servieren.

TIPP — *Die Sauce schmeckt besonders ausgewogen, wenn Sie Naturjoghurt mit einem Fettgehalt von mindestens 3,5 % verwenden. Mit fettarmem Joghurt wird der Geschmack etwas wässriger.*

ZUTATEN
FÜR 4 PERSONEN

+ **2—3 Stiele Minze**
+ **1 Handvoll Koriander**
+ **1 Knoblauchzehe**
+ **2 grüne Chilischoten**
+ **200 g Naturjoghurt**
+ **1—2 TL Zitronensaft**
+ **Salz**

FEIGEN-CHUTNEY
MIT SCHALOTTEN

ZUBEREITUNG

01. Die Feigen mit dem Sparschäler schälen und nach Belieben halbieren oder in größere Spalten schneiden. Die Schalotten schälen und in feine Würfel schneiden. Die Chilischoten längs halbieren, entkernen, waschen und grob zerkleinern.

02. Das Öl in einem Topf erhitzen. Feigen, Schalotten, Chilistücke, Lorbeerblatt, Nelken, Essig, Wein, Senf, Senfkörner und Zucker hinzufügen. Aufkochen und 10 Minuten bei mittlerer Hitze sanft köcheln lassen. Das Chutney mit Salz und Pfeffer würzen.

03. Das Chutney vom Herd nehmen und abkühlen lassen. Nach Belieben einen Teil des Feigen-Chutneys mit dem Stabmixer grob pürieren und wieder unter das Chutney mischen.

04. Zum Frittieren das Öl in einer tiefen Pfanne erhitzen und die Pappadams darin portionsweise auf jeder Seite 5 bis 7 Sekunden goldbraun backen. Mit einem Schaumlöffel herausheben und auf Küchenpapier abtropfen lassen. Die Pappadams zum Feigen-Chutney reichen.

TIPP — *Anders als bei den getrockneten Früchten wird die Schale bei frischen Feigen nicht mitgegessen. Man sollte frische Feigen nicht lange lagern, da sie schnell verderben.*

ZUTATEN
FÜR 8 PERSONEN

+ 8 Feigen
+ 2 Schalotten
+ 2 grüne Chilischoten
+ 2 EL Öl
+ 1 Lorbeerblatt
+ ½ TL Nelkenpulver
+ 3 EL Himbeeressig
+ 4 EL trockener Weißwein
+ 1 TL Senf
+ 1 TL gelbe Senfkörner
+ 3 EL Zucker
+ Salz • Pfeffer aus der Mühle
+ Öl zum Frittieren
+ 8 Pappadams

TAMARINDEN-CHUTNEY
MIT ROSINEN

ZUTATEN FÜR 4 PERSONEN

+ 150 g Tamarindenmark
+ 1 TL gemahlener Kreuzkümmel
+ ½ TL Chilipulver
+ 150 g brauner Zucker
+ Salz
+ 100 g Rosinen

ZUBEREITUNG

01. Das Tamarindenmark in 350 ml heißem Wasser einweichen. Die Paste durch ein Sieb streichen, das Tamarindenwasser auffangen.

02. Das Tamarindenwasser erwärmen. Kreuzkümmel, Chili und Zucker unterrühren und mit Salz abschmecken.

03. Alles bei mittlerer Hitze kochen lassen, bis sich der Zucker vollständig aufgelöst hat. Die Rosinen in einem Sieb kalt abbrausen und abtropfen lassen, unter das Chutney mischen und bei schwacher Hitze 2 Minuten mitköcheln lassen.

04. Das Chutney abkühlen lassen und bis zum Servieren kalt stellen. Nach Belieben mit Korianderblättern garnieren.

KÜRBISWÜRFEL
IN VANILLESIRUP

ZUTATEN FÜR 4 PERSONEN

+ **600 g Kürbis**
+ **1 Vanilleschote**
+ **75 g Rohrzucker**
+ **1 Zimtstange**

ZUBEREITUNG

01. Den Kürbis schälen und die Kerne entfernen, das Fruchtfleisch in mundgerechte Würfel schneiden.

02. Die Vanilleschote längs halbieren. In einem Topf 1 l Wasser mit dem Zucker, den Vanilleschotenhälften und der Zimtstange zum Kochen bringen und bei schwacher Hitze sirupartig einköcheln lassen.

03. Den Backofen auf 150 °C vorheizen. Die Kürbiswürfel in eine ofenfeste Form geben. Die Vanilleschote und die Zimtstange aus dem Sirup entfernen und den Sirup über den Kürbis gießen. Die Kürbiswürfel im vorgeheizten Ofen auf der mittleren Schiene etwa 90 Minuten garen, dabei gelegentlich wenden. Die Kürbiswürfel sollten vor dem Servieren für eine kurze Zeit abkühlen.

CURRYPASTEN
SELBST GEMACHT

ZUBEREITUNG

01. Für die rote Currypaste die Schalotten schälen und in feine Würfel schneiden. Peperoni und Chilischoten längs halbieren, entkernen, waschen und fein hacken. Das Zitronengras putzen, die äußeren Blätter und die obere, trockene Hälfte entfernen, das Helle in feine Ringe schneiden. Den Galgant schälen und fein hacken.

02. Den Koriander in einer kleinen Pfanne ohne Fett bei starker Hitze unter Rühren etwa 2 Minuten rösten. Mit dem Kreuzkümmel und der Limettenschale im Mörser zerstoßen.

03. Nach und nach alle vorbereiteten Zutaten dazugeben und zu einer cremigen Paste zerreiben. Die Currypaste mit Salz, Pfeffer und Muskatnuss würzen, zuletzt die Garnelenpaste unterrühren.

04. Für die gelbe Currypaste die Chilischoten putzen, quer halbieren und in warmem Wasser etwa 5 Minuten einweichen. Das Wasser abgießen und die Schoten gut ausdrücken (anschließend unbedingt die Hände gründlich waschen!).

05. Schalotten und Knoblauch schälen und in feine Würfel schneiden. Den Ingwer schälen und fein hacken. Das Zitronengras putzen, die äußeren Blätter und die obere, trockene Hälfte entfernen, das Helle in feine Ringe schneiden.

06. Vorbereitete Zutaten – bis auf die Chilischoten – mit dem Koriander und dem Kreuzkümmel in einer beschichteten Pfanne ohne Fett unter Rühren etwa 3 Minuten anbraten. Danach kurz abkühlen lassen.

07. Die eingeweichten Chilihälften im Mörser mit dem Salz zerstoßen. Nach und nach die angebratene Mischung hinzufügen und zerreiben, bis eine cremige Paste entsteht. Zuletzt Curry und Garnelenpaste unterrühren.

ZUTATEN FÜR JEWEILS 4 PERSONEN

FÜR DIE ROTE CURRY-PASTE:

+ **3 Schalotten**
+ **8 rote Peperoni**
+ **3 rote Chilischoten**
+ **1 Stängel Zitronengras**
+ **10 g Galgant**
+ **1 TL Korianderkörner**
+ **½ TL Kreuzkümmelsamen**
+ **1 TL abgeriebene unbehandelte Limettenschale**
+ **Salz • Pfeffer aus der Mühle**
+ **frisch geriebene Muskatnuss**
+ **1 TL Garnelenpaste**

FÜR DIE GELBE CURRY-PASTE:

+ **5 große getrocknete Chilischoten**
+ **5 Schalotten**
+ **8 Knoblauchzehen**
+ **10 g Ingwer**
+ **1 Stängel Zitronengras**
+ **1 EL Korianderkörner**
+ **½ TL Kreuzkümmelsamen**
+ **1 TL Salz**
+ **1 EL Currypulver**
+ **1 TL Garnelenpaste**

NAANBROTE
AUS WEIZENMEHL

ZUBEREITUNG

01. Das Mehl in eine Schüssel geben und die Trockenhefe daraufstreuen. Zucker, Salz, 1 EL Öl, Joghurt und etwa 75 ml lauwarmes Wasser dazugeben und alles mit den Knethaken des Handrührgeräts zu einem geschmeidigen Teig verkneten. Falls nötig, etwas Wasser unterkneten. Zugedeckt an einem warmen Ort etwa 30 Minuten gehen lassen.

02. Den Kreuzkümmel im Mörser grob zerstoßen. Den Teig auf der bemehlten Arbeitsfläche von Hand kräftig durchkneten und dabei den Kreuzkümmel einarbeiten. Den Backofengrill einschalten.

03. Den Teig in 4 gleich große Stücke teilen. Jedes Stück auf der bemehlten Arbeitsfläche mit dem Nudelholz zu einem dünnen Fladen mit etwas dickerem Rand ausrollen, nach Belieben auch in dreieckiger Form.

04. Die Fladen auf ein mit Backpapier belegtes Backblech legen, mit dem restlichen Öl bestreichen und im Backofen auf der obersten Schiene auf jeder Seite 2 bis 3 Minuten goldbraun grillen. Herausnehmen und auskühlen lassen.

TIPP — *Statt der Trockenhefe können Sie auch ½ Würfel (21 g) frische Hefe verwenden. Lösen Sie diese zunächst in 1 EL warmem Wasser auf, bevor Sie sie zum Mehl geben.*

ZUTATEN
FÜR 4 PERSONEN

+ **250 g Mehl**
+ **10 g Trockenhefe**
+ **1 TL Zucker**
+ **½ TL Salz**
+ **2—3 EL Öl**
+ **50 g Naturjoghurt**
+ **1 TL ganzer Kreuzkümmel**
+ **Mehl für die Arbeitsfläche**

REZEPTREGISTER

IMPRESSUM

© **2016 ZS Verlag GmbH**
Kaiserstraße 14b
D-80801 München
3. Auflage 2016
ISBN 978-3-89883-534-3

Projektleitung: Katharina Wolf, Natalia Fischer
Lektorat: ZS-Team
Grafik Design & Artdirection: Seidldesign
Grafik & Satz: Irene Schulz, Kerstin Duben
Herstellung: Peter Karg-Cordes
Producing: Jan Russok
Druck & Bindung: Neografia, Martin

Die ZS Verlag GmbH ist ein Unternehmen der Edel AG, Hamburg.
www.zsverlag.de | www.facebook.com/zsverlag

BILDNACHWEIS

Umschlag: Eising Studio|Food Photo & Video: vorne; STOCKFOOD: P. A.
Eising: S. Eising: hinten (l., M.); J. Cazals: hinten (r.)
Innenklappe: V. Bismar: vorne; J. Kirchherr (Styling O. Brachat):
hinten
Außenklappe: Eising Studio|Food Photo & Video: hinten
Innenteil: Eising Studio|Food Photo & Video: 1; J. Kirchherr (Styling
O. Brachat): 10, 19, 36, 55, 71, 89, 104; S.Eising: 47; STOCKFOOD: K.
Arras: 2 (o.), 61; I. Bagwell: 11; Bayside: 27; D. Begovic: 23, 110, 111; U.
Bender: 33, 48; M. Boyny: 38; G. Buntrock Ltd.: 105; R. Castilho: 85; S.
Cato-Symonds: 25, 96; J. Cazals: 2 (r., u.), 13, 32, 53, 63, 72, 75, 77, 79,
80, 83, 91, 93, 95, 97, 103, 113, 114, 115, 117, 119; P. A. Eising: S. Eising: 7,
9, 21, 59, 67, 69; Eising Studio – Food Photo & Video: 29, 52; Food-
Photography Eising: 14, 15, 35, 43, 51, 109, 123; Gallo Images Pty Ltd.:
99; I. Garlick: 45, 49, 56, 73; J. Kirchherr: 28; J. Lee Studios: 120; N.
Leser: 107; W. Lingwood: 81; W. Reavell: 37; J. Rynio: 22, 86, 87; Spor-
rer/Skowronek: 2 (l.), 17; S. Stowell: 125; J. C. Vaillant: 121; E. Watt: 31;
Frank Wieder: 57